SECOND MÉMOIRE

SUR LES

RUINES DE NINIVE,

ADRESSÉ

LE 24 MAI 1850

A L'ACADÉMIE DES INSCRIPTIONS ET BELLES-LETTRES,

AVEC DES PLANCHES ET GRAVURES,

PAR FERD. HOEFER.

PARIS,

LIBRAIRIE DE FIRMIN DIDOT FRÈRES,

IMPRIMEURS DE L'INSTITUT,

RUE JACOB, 56,

1850.

DOCUMENTS

RELATIFS

A L'EXAMEN DES MONUMENTS

DÉCOUVERTS SUR LES BORDS DU TIGRE.

Locke a dit que la plupart des erreurs et des discussions viennent de ce qu'on ne s'entend pas bien sur les mots. Cette parole du grand philosophe anglais trouve ici particulièrement son application.

Qu'est-ce qu'on entendait jadis par *Assyrie* ?

Les historiens les plus anciens donnaient ce nom exclusivement *à un pays situé entre l'Euphrate et le Tigre.* Hérodote, d'accord avec la Bible, l'emploie comme synonyme de *Babylonie* (1). Dans Ctésias, cité par Diodore, les mots *Syrie* et *Assyrie* sont aussi synonymes (2). Les rois des Perses, ayant fait de

---

(1) Herodot. I, 192 et 193; dans ces chapitres, les mots Βαβυλωνίη χώρη et Ἀσσυρίη χώρη sont employés indifféremment pour désigner une seule et même contrée. — *Ibid.* cap. 178 : *Babylone* est nommée la ville la plus célèbre et la plus forte de l'*Assyrie* (τῆς δὲ Ἀσσυρίης ἐστὶ μέν κου καὶ ἄλλα πολίσματα μεγάλα πολλὰ, τὸ δὲ οὐνομαστότατον καὶ ἰσχυρότατον, — ἦν Βαβυλών). — Cf. 2 Reg. XXIII, 29; Jerem. II, 18; Jes. VIII, 8.

(2) Diodor. II, 2 : Ninus ramena ses troupes en *Syrie*, pour y choisir un emplacement convenable à la fondation d'une grande cité (de Ninive) (... τὰς δὲ δυνάμεις ἀπαγαγὼν εἰς τὴν Συρίαν, ἐξελέξατο τόπον εὔθετον εἰς πολέως μεγάλης κτίσιν). — Curt. V, 1, 35 : *Syriæ regem, Babylone regnantem.* — Strabon (XVI, 1) donne à croire que le nom des *Syriens* s'étendait depuis la Babylonie jusqu'au golfe d'Issus (δοκεῖ δὲ τὸ τῶν Σύρων ὄνομα διατεῖναι ἀπὸ μὲν τῆς Βαβυλωνίας μέχρι τοῦ Ἰσσικοῦ κόλπου). Ce même auteur (*ibid.*) emploie *Syriens* comme synonyme d'*Assyriens*, quand il dit que les Mèdes furent soumis par les Perses, comme les Syriens le furent

Babylone leur principale résidence (1), s'appellent quelquefois, dans la Bible, *rois d'Assyrie* (2).

L'Assyrie ancienne a pu s'étendre en deçà de l'Euphrate, et se confondre avec la Syrie (3); car les rois assyriens, si souvent en guerre avec les Juifs, les Arabes et les Phéniciens, avaient leur sphère d'activité bien plutôt en deçà de l'Euphrate qu'au delà du Tigre. *Jamais aucun auteur, antérieur au règne des Parthes, n'a parlé d'une Assyrie située au delà du Tigre.*

C'est avec juste raison que l'on invoque la Bible comme la meilleure autorité en fait d'histoire assyrienne. Or, voici ce que dit Moïse, contemporain de la splendeur de Ninive :

Le Tigre coule à l'est DE L'Assyrie (4).

קְדְמַת אַשּׁוּר

par les Mèdes (Μήδους μὲν ὑπὸ Περσῶν καταλυθῆναι, Σύρους δὲ ὑπὸ Μήδων).

(1) Herod. II, 178 : Καὶ ἔνθα (à Babylone) σφι τῆς Νίνου ἀναστάτου γενομένης τὰ βασιλήϊα κατεστήκεε. Au rapport de Xénophon (*Anab.* III, 5, 15; *Cyrop.* VIII, 6, 22), le roi des Perses résidait sept mois de l'année à Babylone, trois mois à Suse, et deux à Ecbatane ; dans ces deux dernières résidences il passait le printemps et l'été.

(2) Esra VI, 22 : *Darius* est désigné sous le nom de מֶלֶךְ אַשּׁוּר, *roi d'Assyrie.* — Les mots : *assyrien, babylonien, perse* ont été employés comme synonymes chez des auteurs tant anciens que modernes. Les villes et les monuments bâtis en Mésopotamie par des rois perses, sont évidemment *perses* et doivent être désignés sous ce nom ; cependant quelquefois aussi on leur a donné le nom de *babyloniens* ou *d'assyriens*, à cause du pays où ils étaient situés. Cette synonymie se comprend et se justifie ; mais elle ne s'applique pas aux villes et aux monuments *assyriens* aujourd'hui en litige ; car on veut que ces derniers datent de l'empire des Assyriens, antérieur à celui des Mèdes et des Perses. Et c'est là ce que je conteste.

(3) Conf. Jes. XIX, 23.

(4) Genes. II, 14, littéralement : *Le Tigre, lui, coulant à l'est de l'As-*
syrie : חִדֶּקֶל הוּא הַהֹלֵךְ קִדְמַת אַשּׁוּר.

Le mot קִדְמַת (*stat. constr.* de קֶדֶם), accompagné du nom propre d'un

Là , point d'équivoque. « Le Tigre coule à l'est de l'Assyrie , » ces termes sont aussi nets et précis que si l'on disait que le Rhin coule à l'est de la France.

Cela étant , comment a-t-on pu chercher *au delà du Tigre* les ruines de l'antique capitale de l'Assyrie? Supposé que ces ruines existent, ce n'est point là qu'on les aurait trouvées. Chercher Ninive au delà du Tigre, c'est comme si, dans quelques milliers d'années d'ici (puisque rien n'est stable), on voulait chercher Paris au delà du Rhin.

Maintenant voici peut-être la cause de l'erreur. Les Parthes, dont les ancêtres avaient servi dans les armées de Xerxès et de Darius, furent toujours hostiles à la dynastie gréco-macédonienne. Guerriers intrépides, ils finirent par entamer l'empire des successeurs du lieutenant d'Alexandre, et bientôt la dynastie des Arsacides remplaça celle des Séleucides (vers l'an

---

pays ou d'une ville, se trouve aussi dans d'autres endroits de la Bible (Gen. IV, 16; I Sam. XIII, 5; Ezech. XXXIX, 11), et toujours avec la signification : *à l'orient de.* Ainsi, par exemple, on lit dans 1 Sam. XIII, 5 : « Les Philistins vinrent camper à Mikmas *à l'orient de Beth-Avèn* (קִדְמַת בֵּת-אָוֶן); » c'est qu'en effet l'une de ces villes était à l'orient de l'autre, exactement comme le Tigre coulait à l'est de l'Assyrie (קִדְמַת אַשּׁוּר). Rien de plus simple, rien de plus évident ; et cependant on a torturé de mille façons le sens de cette dernière phrase, pour mettre Moïse, chose étrange ! d'accord avec des écrivains qui vivaient plus de quinze siècles après lui. D'ailleurs, que l'on traduise les mots קִדְמַת אַשּׁוּר par *de l'orient* ou *vers l'orient*, on n'en fera point sortir d'autre sens que celui que j'ai indiqué. Sans doute, Ninive pouvait, comme le dit Hérodote, être située sur le Tigre, c'est-à-dire sur le bord occidental de ce fleuve ; mais, dans aucun cas, la capitale de l'Assyrie ne pouvait être située à plusieurs lieues à l'est de la limite orientale (Tigre) de l'Assyrie. Et on ne saurait faire intervenir ici la formation de dépôts alluvionnaires ; car la rapidité du courant et la nature du terrain s'y opposent : il faudrait chercher les ruines de Ninive *sur le Tigre* , au fond du fleuve plutôt qu'à une certaine distance du rivage.

25o avant J.-C.). Jaloux d'évoquer en toute circonstance le glorieux souvenir des Mèdes et des Perses, ils donnèrent, en face de l'étranger qui occupait encore la Mésopotamie, des noms célèbres à des contrées et à des villes situées au delà du Tigre, où étaient leurs principaux campements.

Quoi qu'il en soit, il est certain que l'Assyrie, telle qu'elle est circonscrite par Strabon (1) et par Ptolémée (2), n'est mentionnée chez aucun écrivain antérieur à la dynastie des Séleucides et même à l'ère chrétienne. Mais ce n'est pas seulement une nouvelle Assyrie qu'on rencontrait au delà du Tigre, il y avait aussi une Chaldée et une Babylonie (3). Toutes ces contrées *transtigriques* n'avaient donc de commun que les noms avec l'Assyrie, la Chaldée et la Babylonie *mésopotamiques*. Malheureusement la ressemblance des noms amène facilement la confusion des

(1) L'Assyrie moderne, Strabon (XVI, 1) l'appelle *Aturie* (Ἀτουρία), ce qui n'est que la forme chaldéenne du nom d'*Assyrie*; elle était située au-delà du Tigre, et limitrophe du territoire d'Arbèles (ἡ δ' Ἀτουρία τοῖς περὶ Ἄρϐηλα τόποις ὅμορός ἐστι). Cf. mon premier mém., p. 25. C'est de cette Aturie ou Assyrie que les géographes arabes ont fait leur *El-Atsoura*.

(2) Ptolémée place, comme Strabon, l'Assyrie ou Aturie au-delà du Tigre, et en indique les limites, reproduites sur d'anciennes cartes. Ptol. *Geograph.* VI, 1 : Ἡ Ἀσσυρία περιορίζεται ἀπὸ μὲν ἄρκτων τῷ εἰρημένῳ τῆς Μεγάλης Ἀρμηνίας μέρει παρὰ τὸν Νιφάτην τὸ ὄρος, ἀπὸ δὲ δύσεως Μεσοποταμίᾳ κατὰ τὸ ἐκτεθειμένον τοῦ Τίγριδος ποταμοῦ μέρος, ἀπὸ δὲ μεσημϐρίας Σουσιανῇ ... ἀπὸ δὲ ἀνατολῶν Μηδίας μέρει ...

(3) *Arbèles est situé dans la Babylonie et en dépend* (τὰ Ἄρϐηλα τῆς Βαϐυλωνίας ὑπάρχει, ἃ κατ' αὐτήν ἐστιν). Ces paroles de Strabon (XVI, 1) s'appliquent évidemment à une Babylonie *transtigrique*, ou elles donnent à la Babylonie une étendue qu'elle n'avait pas primitivement. — Quant au pays des anciens Chaldéens (*Casdim* de la Bible), il est fort différent de celui dont parle déjà Xénophon : celui-ci parle des Chaldéens comme d'un peuple voisin de l'Arménie (*Anab.* IV, 3, 4; V, 5, 17; VII, 8, 25). Le nom de Chaldéens s'applique encore aujourd'hui à quelques tribus qui habitent les montagnes au nord-est de Mossoul, dans le voisinage de Khorsabad.

choses. C'est ce qui est arrivé pour les deux Assyries, dont chacune avait aussi sa Ninive (1) : La Ninive des Parthes et des Sassanides, prise par l'empereur Héraclius, en 624 *après* J.-C. (2), a été confondue avec la Ninive de Sardanapale (3), détruite par Cyaxare en 625 *avant* J.-C. Voilà le mot de l'énigme.

(1) Strabon, qui n'est pas toujours un guide très-sûr, paraît avoir le premier commis cette confusion, quand il place la Ninive « qui disparut aussitôt après la dissolution de l'empire des Assyriens » (ἠφανίσθη παρὰ χρῆμα μετὰ τὴν τῶν Σύρων κατάλυσιν) *dans les plaines de l'Aturie* (τὰ τῆς Ἀτουρίας πεδία τῇ Νίνῳ περίκειται). Car, un peu plus loin, ce même géographe dit : *Babylone était anciennement la métropole de l'Assyrie* (πάλαι μὲν οὖν ἡ Βαβυλὼν ἦν μητρόπολις τῆς Ἀσσυρίας), *aujourd'hui c'est Séleucie, située sur le Tigre.* — Ainsi donc, *Assyrie* est ici, comme dans Hérodote et la Bible, synonyme de *Babylonie*. Strabon est parfaitement d'accord avec les autorités les plus anciennes : mais, il n'en est plus de même pour l'*Aturie* (Assyrie moderne) : là, Strabon n'a pour lui aucune autorité ancienne, c'est-à-dire antérieure à l'ère chrétienne. « L'Assyrie qui avait jadis Babylone pour métropole », n'est certainement pas la même que l'Assyrie voisine des montagnes de l'Arménie, où se trouvait la Ninive prise par Héraclius, et dont la position géographique est exactement déterminée par Ptolémée. Ce géographe en indique la longitude et la latitude dans la liste des villes et villages de l'Assyrie situés sur le bord oriental du Tigre (πόλεις δέ εἰσι καὶ κῶμαι τῆς Ἀσσυρίας παρὰ μὲν τὸ τοῦ Τίγριδος μέρος). Or, Ptolémée ne confond pas, comme Strabon, cette moderne Ninive, située à 36° 40′ lat. et 70° 30′ longit., avec l'antique capitale des Assyriens, qui avait depuis longtemps disparu.—La distinction récente de l'Assyrie en supérieure et inférieure ne décide absolument rien ; car la première était l'Assyrie moderne ou *transtigrique*, et la dernière, l'Assyrie ancienne ou *mésopotamique*. Tels sont les résultats qui doivent être désormais acquis à la science.

(2) Cedren. vol. I, p. 730 (édit. Bonn.). Theophan. vol. I, p. 492 (édit. Bonn.) —On peut très-bien avoir trouvé les ruines de cette moderne Ninive ; mais alors les monuments dits assyriens sont de l'époque des Arsacides et des Sassanides ; et comme les Parthes et les Néoperses voulaient en tout imiter les Mèdes et les anciens Perses, il y aura une étude fort instructive à faire pour distinguer la copie de l'original.

(3) Il en est du tombeau de Sardanapale, comme de la situation de l'ancienne Ninive ; l'incertitude est la même. Callisthène, Strabon, Arrien placent le tombeau de Sardanapale *en deçà de l'Euphrate*, près des murs d'Anchiale (τὸ μνῆμα τοῦ Σαρδαναπάλου ἐγγὺς ἦν τῶν τειχῶν τῆς Ἀγχιάλου, Arrian. *Expedit. Alex.* II, 5). Ils ajoutent que ce roi des Assyriens avait

Cette confusion n'existe, il est vrai, que chez des auteurs qui tous sont *postérieurs* au règne d'Auguste; mais c'était là une raison de plus pour consulter surtout les auteurs *antérieurs* à l'ère chrétienne dans une question qui touche à une si haute antiquité. Quels archéologues malavisés que ceux qui, pour retrouver, par exemple, les ruines de *Gergovia*, n'accorderaient leur confiance qu'à des documents récents, et ne prendraient pas au sérieux les autorités anciennes, seules aptes à trancher une question topographique! C'est pourtant là ce que font ceux qui, sur la foi d'Ibn-Saïd, d'Aboulféda, de Bochart, de d'Anville et d'autres plus récents encore, sans compter les traditions musulmanes, soutiennent que les belles ruines des environs de Mossoul sont celles de Ninive détruite il y a près de vingt-cinq siècles. (Voy. la petite carte ci-contre.)

fondé les villes de Tarse et d'Anchiale. S'il y a eu deux ou plusieurs Sardanapale (V. Amyntas cité par Athénée), il faut avouer, au moins, qu'ils se ressemblaient tous par leur caractère; car toutes les inscriptions leur attribuent les mêmes vices. Ainsi, les traditions les plus anciennes placent Ninive dans les environs de l'Euphrate; et l'histoire même semble les confirmer : c'eût été en effet une rude besogne (témoins Xénophon et Alexandre le Grand) de passer et repasser le Tigre et l'Euphrate; et c'est là pourtant ce que les rois assyriens auraient été obligés de faire bien souvent pour pénétrer avec leurs armées dans la Syrie et la Palestine, si leur capitale avait été bâtie près des montagnes de l'Arménie. Il aurait été plus naturel et plus facile de guerroyer contre les nations établies entre le Tigre et la mer Caspienne, que de venir se battre sans cesse contre les peuples établis entre l'Euphrate et la Méditerranée.

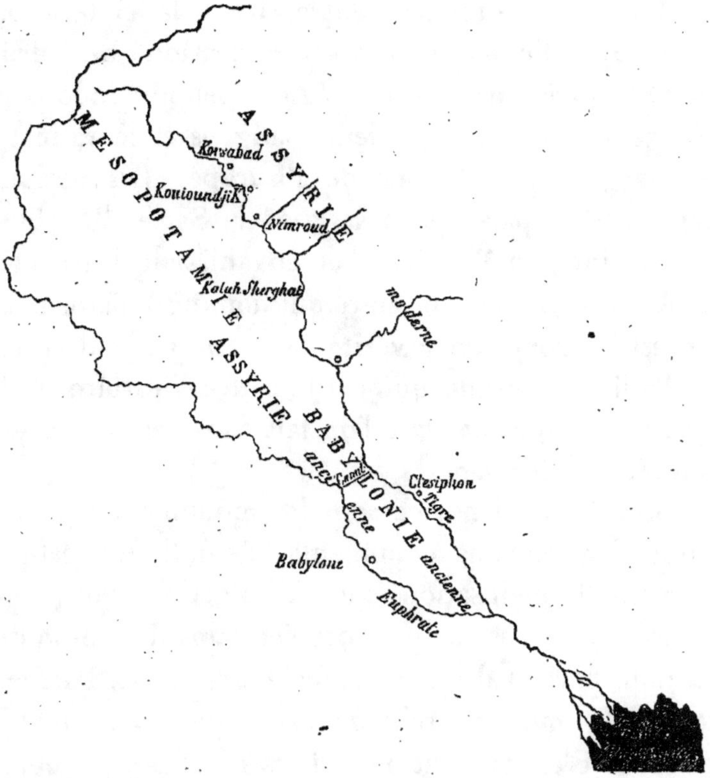

Le Tigre (1) est comme une ligne de démarcation
entre les nations indo-persanes et les nations sémitiques ou araméennes. De ces deux grandes souches de

(1) Le mot *Tigre* (en hébreu *khidekel*) est lui-même d'origine médo-
perse : *tegher* en zend, *teghera* en pelvi (d'où le *Tigris* des Grecs et des
Romains), signifie *fleuve*. Quant au mot *khidekel*, il se compose de *khid* ou
khod, qui en hébreu ou araméen signifie *rapide*, et de *teghel* qui a la même
signification en sanscrit ; c'est donc un mot hybride, moitié indo-persan,
moitié araméen, comme pour indiquer en quelque sorte le rôle que joue ce
fleuve comme ligne de partage entre les nations indo-persanes et les nations araméennes. Gesen. *Lexic. hebr. chald. voc.* חִדֶּקֶל. — En persan,
tir signifie flèche. Strabon (XI, 527, edit. Casaub.) et Plin. (*Hist. nat.* VI,
27) donnent une étymologie analogue. — Le Tigre n'est d'ailleurs men-
tionné que deux fois dans la Bible : dans le passage déjà cité, et dans Daniel
(III, 4), où il est question de Cyrus, roi des Perses. Pourquoi le Tigre n'y est-
il pas aussi célèbre que l'Euphrate, qui baignait l'antique rivale de Ninive ?

peuples qui les premiers entreprirent la civilisation du monde, l'une étend ses ramifications au nord-ouest, l'autre au sud-ouest. Aux peuples indo-persans se rattachent, par leurs langues et leurs institutions, les populations de l'Europe. Les nations sémitiques se partagent l'Assyrie, la Syrie, l'Arabie, la Palestine, la Phénicie, et envahissent l'Afrique. Tel est le point de vue élevé qui domine l'histoire.

C'est le propre de la vérité de mettre partout en relief l'alliance intime qui existe entre l'histoire et la logique. Chaque pas que l'on fait dans cette voie encourage à continuer.

Après les anciens, ce sont les monuments qui me donnent raison. Ces monuments, magnifiques vestiges de la vieille civilisation indo-perso-germanique, sont les commentaires sculptés des écrivains de l'antiquité qui nous parlent des Mèdes, des Perses et des Parthes. Costumes, mœurs, religion, type de race, tout s'y retrouve. C'est surtout des scènes de chasse, occupation favorite des rois perses, et des représentations guerrières, qu'on admire sur les murs des palais exhumés sur les rives du Tigre. Ce que ces palais nous montrent, Ammien Marcellin nous le dépeint.

« Pour nous reposer de nos fatigues, dit-il, nous fîmes halte dans une riche campagne (*in agro consedimus opulento*), tapissée d'arbustes, de vignes et de cyprès. Au milieu de cette campagne, était un palais de plaisance ombragé, dont toutes les pièces offraient d'agréables peintures (*cujus in medio diversorium opacum est et amœnum, gentiles picturas per omnès œdium partes ostendens*); le roi y est diversement représenté à la chasse tuant des bêtes sauvages

(*regis bestias venatione multiplici trucidantis*). Car
on ne peint et l'on ne figure pas autre chose chez eux
(les Perses) que des scènes de combat et de guerre
(*nec enim apud eos pingitur vel fingitur aliud præ-
ter varias cædes et bella*) (1). »

C'est là en effet ce que l'on voit représenté sur les
murs des palais retirés jusqu'ici des fouilles de Khorsabad, de Nimroud, de Kouïoundjik, de Karamles et de
Kalah-Sherghat (2). Des palais de plaisance (*diver-
soria, castella*, βασίλεια), semblables à celui que décrit le compagnon de l'empereur Julien, paraissent
avoir été assez fréquents sur les rives du Tigre et particulièrement sur les routes qui conduisaient à Suse
et à Ecbatane, où les rois des Perses passaient le printemps et l'été. Xénophon rencontra, près de Mespila, un de ces palais (βασίλειόν τι), qui était probablement le *château royal de Darius fils d'Hystaspe*,
(τὸ Δαρείου τοῦ Ὑστάσπεω βασίλειον), indiqué par Strabon, et dont la position semble devoir se rapporter

(1) Ammian. Marcellin. XXIV, 6, 1. Ammien Marcellin accompagnait
alors l'empereur Julien, qui se retirait, comme Xénophon, le long du Tigre ;
mais, moins heureux que le commandant de la retraite des dix mille, Julien
y trouva la mort, le 26 juin 363 de notre ère.

(2) Les ruines de Kalah-Sherghat, trouvées par M. Layard, sur la rive
occidentale du Tigre, sont situées à plus de 25 lieues en ligne directe, au sud
de Khorsabad, qui est à quelque distance de la rive orientale du Tigre ; or,
ces ruines sont tout à fait semblables aux autres. Les enclavera-t-on aussi
dans l'enceinte de Ninive ? Quelle que soit « la taille respectable » qui con-
vienne à Ninive, on hésitera peut-être à lui donner 100 et même 80 lieues
tour, c'est-à-dire une étendue de plusieurs départements. Comme très-pro-
bablement les ruines qu'on pourra découvrir sur les rives du cours moyen
et inférieur du Tigre, ressembleront de même aux autres, il faudra se mettre
en quête de tous les noms de villes assyriennes contemporaines de Ninive
(*improbus labor!*), si l'on ne veut pas que ce soient des ruines perses. Les
archéologues aiment-ils à se rapprocher du déluge, par horreur des temps
historiques ?

à Khorsabad (1). Ces palais étaient d'ordinaire entourés de parcs (παράδεισοι), où les rois pouvaient se livrer à la chasse (2)..

(1) Xenoph. *Anab.* III, 4; Strab. XVI, 1. Les fouilles de MM. Botta et Layard ayant amené, sur des points très-distants, des découvertes presque identiques, il faut à tout jamais abandonner l'hypothèse d'une ville unique en ruines. Maintenant, quelles sont les villes ou palais anciens qui correspondent à ces points? C'est une question secondaire, dont je ne m'occuperai pas ici; d'ailleurs on ne sera pas embarrassé de la résoudre. Kalah-Sherghat, Nimroud, Kouïoundjik, correspondent assez bien aux villes de Cœnes, de Larissa, de Mespila, mentionnées par Xénophon; et Karamles ne devait pas être loin de Demétrias et d'Arbèles. Strabon indique encore aux environs d'Arbèles : un temple d'Anæa, Sadrakæ (qui, d'après le texte, peut être tout à la fois le nom d'une ville et celui du château de Darius), les Feux ou Bûchers (probablement le nom d'un endroit où se dégageaient des gaz inflammables), et le Bois de cyprès ... Voici le texte de Strabon (XVI, 1) à consulter : Μετὰ δὲ Ἄρβηλα καὶ τὸ Νικατόριον ὄρος (ὃ προσωνόμασεν Ἀλέξανδρος νικήσας τὴν περὶ Ἄρβηλα μάχην) ὁ Κάπρος ἐστὶ ποταμὸς, ἐν ἴσῳ διαστήματι, ὅσῳ καὶ ὁ Λύκος· ἡ δὲ χώρα Ἀρτακηνὴ λέγεται. Περὶ Ἄρβηλα δέ ἐστι καὶ Δημητριὰς πόλις· εἶθ' ἡ τοῦ Ναφθὰ πηγὴ, καὶ τὰ Πυρὰ, καὶ τὸ τῆς Ἀναίνας ἱερὸν, καὶ Σαδράκαι, τὸ Δαρείου Ὑστάσπεω βασίλειον, καὶ ὁ Κυπαρισσὼν .... Ptolémée (*Geograph.* VI, 1) sera aussi de quelque secours pour décider cette question topographique; mais il me paraît plus sage de ne l'aborder qu'après s'être assuré si ces ruines n'appartiennent pas à une époque plus récente encore que celle des Achéménides; car il y a des indices qui les rapprocheraient de l'époque des Arsacides et même des Sassanides. Enfin, plus on les examine, plus on sera tenté de les ramener à cette dernière époque.

(2) Il y avait de ces palais, environnés de *paradisi*, dans presque toutes les provinces de l'empire perse. Xénophon (*Anab.* I, 2, 7) en vit un à Célænes, ville de la Phrygie. Le parc était rempli de bêtes sauvages, et Cyrus (le jeune) y chassait à cheval : Ἐνταῦθα Κύρῳ βασίλεια ἦν καὶ παράδεισος μέγας, ἀγρίων θηρίων πλήρης, ἃ ἐκεῖνος ἐθήρευσεν ἀπὸ ἵππου, ὁπότε γυμνάσαι βούλοιτο ἑαυτόν τε καὶ τοὺς ἵππους. Ce parc était traversé par le Méandre, dont les sources jaillissaient du palais même (διὰ μέσου δὲ τοῦ παραδείσου ῥεῖ ὁ Μαίανδρος ποταμός· αἱ δὲ πηγαὶ αὐτοῦ εἰσιν ἐκ τῶν βασιλείων). — Xénophon campa près d'un autre parc situé sur le bord du Tigre, « grand, beau et garni d'arbres de toutes espèces » (ἐγγὺς παραδείσου μεγάλου καὶ καλοῦ καὶ δασέος παντοίων δένδρων; *Anab.* II, 4, 14). — Ces châteaux, entourés de parcs, étaient des stations ou lieux de repos pour les rois quand ils étaient en voyage. Xenoph. *OEconom.* : ἐν ὁπόσαις τε χώραις ἐνοικεῖ

(11)

Ce serait un beau travail de détacher une à une ces figures étranges qui ornent les palais mis au jour par le zèle infatigable de MM. Botta et Layard, d'interroger ces monuments les textes anciens à la main, et de les faire parler après des siècles de silence.

J'oserais en offrir ici un faible essai en commençant par le petit *obélisque* trouvé par M. Layard au milieu des ruines de *Nimroud*. Ce petit obélisque passe pour un des *plus anciens monuments assyriens* (1).

καὶ εἰς ὁπόσας ἐπιστρέφεται, ἐπιμελεῖται τόπων, ὅπως κῆποί τε ἔσονται, οἱ παράδεισοι καλούμενοι, καὶ ἐν τούτοις αὐτὸς τὰ πλεῖστα διατρίβει. Conf. *Cyrop.* I, 3, 14; I, 4, 5; VIII, 1, 38. *Hellen.* lib. III. Philostrat. *de vita Apollon.* lib. I. — Quinte-Curce (lib. VIII) s'exprime ainsi sur la beauté de ces *paradisi* : *Barbaræ opulentiæ in illis locis haud ulla sunt majora indicia, quam magnis nemoribus, saltibusque, nobilium ferarum greges clausi. Spatiosas ad hoc eligunt silvas, crebris perennium aquarum fontibus amœnas. Muris nemora cinguntur, turresque habent venantium receptacula.* — Le parc qu'Ammien Marcellin (XXIV, 5) avait vu près de Coche ou de Séleucie sur le Tigre, contenait des lions, des ours et des sangliers : *Erat enim in hac regione extensum spatium et rotundum, loricæ ambitu circumclausum, destinatas regiis voluptatibus continens feras, ˙cervicibus jubatis leones, armisque hispidos apros et ursos (ut sunt Persici) ultra omnem rabiem sævientes, et alia lecta immania corpora bestiarum, quas omnes diffractis portarum obicibus, equites nostri venatoriis lanceis et missilium multitudine confoderunt.* — Dans ces chasses, le roi s'était réservé le privilége exclusif de porter le premier coup au lion ou à toute autre bête. Le satrape Mégabyse fut condamné à mort par Artaxerxès, pour avoir manqué à cette règle de l'étiquette. (Ctesias, *Fragm. Pers.* p. 53, édit. Didot : ἐξέρχεται βασιλεὺς ἐπὶ θήραν, καὶ λέων ἐπέρχεται αὐτῷ· μετεώρου δὲ φερομένου τοῦ θηρίου, βάλλει ἀκοντίῳ Μεγάβυζος, καὶ ἀναιρεῖ· καὶ ὀργίζεται Ἀρταξέρξης ὅτι πρὶν ἢ αὐτὸς τύχῃ Μεγάβυζος ἔβαλε· καὶ προςτάσσει τὴν κεφαλὴν τὸν Μεγάβυζον ἀποτμηθῆναι.) — Les *paradisi* et les nombreuses scènes de chasse que représentent les dessins de MM. Flandin et Layard, peuvent donner une idée exacte des textes que je viens de citer.

(1) Voy. Layard, *Nineveh and its remains*, Atlas, pl. 53. *This monument probably one of the most ancient and interesting historical records in existence, appears to have been erected by the son of the founder of the nord-west Palace, the earliest known assyrian edifice.* — Il a été transporté au Musée britannique de Londres.

(12)

Il a 6 pieds 8 5/8 pouces (mesure anglaise) de hauteur,
les deux faces les plus larges ont 1 pied 11 3/4 pouces,
et la largeur des deux faces les plus étroites 1 pied
3 3/4 pouces de largeur. On prétend que ce petit
obélisque (qui n'est qu'une stèle) est la même chose
que la *pyramide de pierre* (πυραμὶς λιθίνη), que Xénophon (*Anab.* III, 4, 9) remarqua sur la rive orientale du Tigre, près de la ville de Larissa. Or, cette
pyramide avait *un plèthre* (environ 100 pieds) *de largeur sur deux plèthres* (environ 200 pieds) *de haut* (1).
Ces dimensions de la pyramide de Larissa ne con-
viennent donc, comme l'on voit, en aucune façon à
celles du monument de Nimroud, ce qui n'empêche
pas des archéologues célèbres d'être d'un avis tout différent.

Supposé même que Xénophon se soit trompé par
une illusion optique des plus étranges, et que la pyramide de 100 pieds de large sur 200 de haut, soit
réellement la stèle d'environ 6 1/2 pieds de haut sur
2 pieds de large, ce dernier monument n'en atteste pas
moins une origine persane par les objets qu'il représente. Les animaux qui s'y trouvent sculptés appartiennent presque tous à l'Inde et à la Bactriane (2).
Au nombre de ces animaux, qui sont offerts en tribut
au roi, on remarque le *rhinocéros*, l'éléphant, de

(1) Xénoph. *Anab.* III, 4, 9. Παρὰ ταύτην τὴν πόλιν (scil. Λαρίσσαν),
ἦν πυραμὶς λιθίνη, τὸ μὲν εὖρος ἑνὸς πλέθρου, τὸ δὲ ὕψος δύο πλέθρων.

(2) Ces animaux n'appartiennent pas, il est vrai, exclusivement à ces
pays ; car on voyait aussi des éléphants, des rhinocéros et des singes en
Égypte, où ils étaient amenés de l'Abyssinie et de l'intérieur de l'Afrique.
Mais ce fait est loin de nuire à ma cause ; car l'Égypte fut quelque temps
tributaire des rois de Perse, tandis qu'elle n'a jamais été soumise aux rois
assyriens.

grandes espèces de singes, une espèce d'antilope et le dromadaire (*camelus bactrianus*).

Or, à quelle époque l'Inde devint-elle tributaire de l'Assyrie? ou seulement à quelle époque les souverains du Tigre et de l'Euphrate essayèrent-ils de pénétrer dans l'Inde?

Sémiramis, de fabuleuse mémoire, voulut, dit-on, conquérir l'Inde où Bacchus l'avait précédée ; mais elle échoua complétement dans son entreprise. En effet, elle n'en revint qu'avec vingt hommes (1); bien plus, suivant Mégasthène (contemporain de Séleucus Nicator), cité par Strabon, elle mourut sans avoir exécuté son projet (2). Cyrus aurait échoué comme Sémiramis : il n'en serait revenu qu'avec sept hommes (3). « Mais comment, continue Strabon, pourrions-nous ajouter foi à de pareilles expéditions? Mégasthène est aussi de notre avis, quand il ordonne de ne point croire à ces vieilles traditions sur l'Inde. »

Aujourd'hui on trouve les anciens mêmes trop incrédules. Je n'aurais pas rappelé le nom de Sémiramis, si — qui le croirait? — on ne l'avait pas fait intervenir, comme une grande autorité, à l'appui du prétendu monument assyrien.

Darius fils d'Hystaspe entreprit le premier de reculer les limites de son empire jusqu'à l'Indus (4).

---

(1) Strab. **XV**, 1. Σεμίραμις ἐστράτευσεν ἐπὶ Ἰνδοὺς καὶ Κῦρος· (ἀλλ' ἡ μὲν ἀνέστρεψε, φεύγουσα μετὰ εἴκοσιν ἄνθρωπων· ἐκεῖνος δὲ μεθ' ἑπτά).

(2) Strab. *Ibid.*.... Σεμίραμιν ἀποθανεῖν πρὸ τῆς ἐπιχειρήσεως.

(3) Suivant Arrien (*Exped. Alexand.* **VI**, 24, 4), Cyrus perdit presque toute son armée dans le désert de la Gédrosie. D'après Mégasthène (Strab. **VI**, 1), il approcha seulement de l'Inde dans son expédition contre les Massagètes. Cf. Schwanbeck, *Megasth. indica*. Bon. 1846.

(4) On donnait anciennement un sens beaucoup plus étendu au mot *Inde;* car on y comprenait plusieurs pays situés en deçà de l'Indus.

C'est sur le rapport de Scylax, envoyé *pour reconnaître où l'Indus avait son embouchure*, que ce roi des Perses se décida à faire une expédition par mer, et soumit les Indiens (1). Plus tard, ces conquêtes se sont sans doute agrandies. Il y avait des Indiens, des Hydraces, à la solde des Perses (2), et Cyrus le jeune, en parlant de l'étendue de l'empire de ses pères, en donne pour limite, au midi, les pays d'une chaleur extrême.

Voudra-t-on suppléer au silence de l'histoire par des hypothèses, et soutenir, sans preuve aucune, que les Assyriens ont été les maîtres de l'Inde avant les Perses? mais alors Cyrus et Darius fils d'Hystaspe, héritiers de l'empire des Mèdes et des Assyriens, en attaquant l'Inde, n'auraient fait que châtier un pays rebelle, ce qui est absolument contraire à tous les témoignages de l'histoire. Car ceux-ci nous représentent l'Inde comme un pays pour ainsi dire vierge des atteintes des conquérants asiatiques, et gouverné par des rois indigènes. Darius lui-même n'avait pas pénétré fort

Ainsi les Assacènes ou Astacènes, qui, suivant Arrien (*Indic.* 1), étaient soumis aux Assyriens, aux Mèdes et aux Perses, habitaient en deçà de l'Indus jusqu'au fleuve Cophène. (Τὰ ἔξω Ἰνδοῦ ποταμοῦ τὰ πρὸς ἑσπέρην ἔστε ἐπὶ τὸν ποταμὸν Κωφῆνα Ἀστακηνοὶ καὶ Ἀσσακηνοὶ, ἔθνεα Ἰνδικὰ ἐποικέουσι.) Les Ἀστακηνοί sont les *Aspagani* de Pline (*Hist. nat.* VI, 23), et, suivant Wilken (*Acad. des Sciences de Berlin*, 1819, p. 261), les *Afghans* modernes, en changeant le mot *Aspaga*, par une aspiration propre au zend, en *Asfaga*.

(1) Hérodot. IV, 44. Τῆς δὲ Ἀσίης τὰ πολλὰ ὑπὸ Δαρείου ἐξευρέθη, ὃς βουλόμενος Ἰνδὸν ποταμὸν — εἰδέναι τῇ ἐς θάλασσαν ἐκδιδοῖ, πέμπει πλοίοισι ἄλλους τε τοῖσι ἐπίστευε τὴν ἀλήθειαν ἐρέειν, καὶ δὴ καὶ Σκύλακα ἄνδρα Καρυανδέα..... Μετὰ δὲ τούτους περιπλώσαντας Ἰνδούς τε κατεστρέψατο Δαρεῖος καὶ τῇ θαλάσσῃ ταύτῃ ἐχρᾶτο. — Cette conquête même ne comprenait pas les Indiens proprement dits. (Hérodot. III, 101.)

(2) Hérodot. VII, 65. Strab. XV, 1.

loin ; car Alexandre le Grand trouva l'Indus comme limite de l'empire des Perses.

Ainsi, supposé même que la pyramide de Xénophon soit l'obélisque de M. Layard, ce monument ne peut faire allusion qu'à des événements qui se sont passés tout au plus sous la dynastie des Achéménides (1).

Mais ce n'est pas tout. Sur ce monument, on voit figuré un animal qui en tout temps a été très-rare, et qui ne vit qu'au delà du Gange, dans le sud-est de l'Asie, par conséquent très-loin de l'ancienne limite de l'empire des Perses ; je veux parler du *rhinocéros* (2).

(1) Cette pyramide, si elle avait été érigée par Darius, aurait eu déjà cent ans environ quand Xénophon l'aperçut.

(2) Il n'en est pas du rhinocéros comme du lion. Celui-ci était jadis beaucoup moins rare qu'aujourd'hui ; et cela s'explique en partie par la chasse destructive qu'en ont faite les Romains et beaucoup d'autres peuples. Rien de semblable pour le rhinocéros. Les auteurs, tant anciens que modernes, nous dépeignent cet animal comme ayant été rare à toutes les époques, et cette remarque ne s'applique pas seulement au rhinocéros de l'Inde, mais encore à celui de l'Afrique (Éthiopie). Ni Aristote, ni Ctésias, qui ont traité des animaux de l'Inde, ne paraissent avoir connu le rhinocéros ; du moins ils n'en parlent point. Le premier dont il est fait mention dans l'histoire fut celui qui parut à la fête célèbre de Ptolémée Philadelphe, et que l'on fit marcher le dernier des animaux, comme le plus curieux et le plus rare : il était de l'Éthiopie (Athen. lib. V. p. 201, édit. 1597). Le premier qu'on vit en Europe parut aux jeux de Pompée. Pline ajoute qu'il n'avait qu'une corne, et que ce nombre était le plus ordinaire (*Hist. nat.* VIII, 20). Auguste en fit tuer un autre dans le cirque avec un hippopotame, lorsqu'il triompha de Cléopâtre (Dion Cass. LI. Cf. Pausanias, lib. IX. p. 572, édit. Hanov., et Artémidore, cité par Strab. XVI, p. 774.) Mais, chose remarquable, tous ces auteurs ne parlent que du rhinocéros de l'Afrique. Celui de l'Inde paraît avoir été inconnu même aux Grecs et aux Romains. Alexandre avait rencontré beaucoup d'éléphants dans l'Inde ; mais ses historiens ne nous disent pas qu'il ait rencontré des rhinocéros. C'est qu'en effet il n'avait pas pénétré au delà du Gange, dans la patrie de ces animaux. (Cf. *Specimen zoologiæ geographicæ*, Lugd. Bat. 1777, in-4°, p. 377 ; Lesson, art. *Rhinocéros*, dans le *Dict. d'hist. nat.*; Cuvier, *Ossements fossiles*, tom. III, p. 36 et suiv.). Cet animal était même encore très-imparfaitement connu du temps de Buffon ; car ce grand naturaliste dit « qu'à la vue de ceux qui

Cet animal, offert en présent ou en tribut, suppose donc des relations intimes avec la partie la plus reculée de l'Inde, où Alexandre lui-même n'avait pas pénétré (1). Or, ce n'est qu'à des époques assez récentes que ces relations ont commencé à s'établir. Séleucus Nicator, pour arrêter les progrès de Tschundraguptas, paraît s'être avancé jusqu'à l'embouchure du Gange ; mais cela est encore douteux (2). Cependant, il est certain que les Séleucides et les rois de l'Inde s'envoyaient réciproquement des ambassadeurs, chargés de présents. Mégasthène, cité plus haut, et Daïmaque, étaient au nombre de ces ambassadeurs (3). Depuis la fondation du royaume bactrien, en 250 avant J.-C., les relations de l'Inde avec la Mésopotamie devinrent plus intimes. Euthydème, Eucratides, Demetrius devaient en favoriser le développement. Menandre paraît avoir poussé ses conquêtes jusqu'au Gange. Enfin, vers les premiers siècles de l'ère chrétienne, il y eut des royaumes Indo-Parthe, Indo-Grec et Indo-Scythe ; et plus tard, après la chute des Arsacides (en 226 après J.-C.), les Sassanides multiplièrent encore leurs points de contact avec les contrées les plus reculées de l'Hindostan (4)

En résumé, les Assyriens, les Mèdes et même les pre-

---

arrivèrent à Londres en 1739 et 1741 on reconnut aisément les erreurs de ceux qui avaient publié des figures de cet animal. »

(1) Plut. *Vit. Alex.* 62. Plin. *Hist. nat.* VI, 21.

(2) Voy. l'excellent article *Indien*, par Benfey, p. 67, 2ᵉ sect. tome XVII ; dans l'Encyclopédie allemande d'Ersch et Gruber.

(3) Athen. I, 18. Strab. II, 1.

(4) Voyez, sur cette partie tout à la fois si obscure et si intéressante de l'histoire, l'article déjà cité de Benfey, le magnifique ouvrage de Wilson (*Ariana antiqua*), Longpérier, *Sur les médailles des Sassanides*, Grotefend, Lassen, etc.

miers rois perses n'avaient jamais franchi l'Indus ; et les
peuples avec lesquels ils étaient en rapport, habitaient
tous en deçà de ce fleuve. Ce n'est que depuis la fondation
des différents royaumes indo-grec et indo-parthe, qu'on
a pénétré plus profondément dans l'Hindostan. Voilà
l'époque où l'on peut avoir représenté sur un monument
élevé au bord du Tigre, un animal fort rare, inconnu au médecin d'Artaxerxès et au précepteur du
grand conquérant macédonien. Si c'est le rhinocéros
de l'Inde que représente l'obélisque de Nimroud, ce
monument ne peut avoir été érigé qu'à une époque
comparativement assez récente, c'est-à-dire sous le
règne des Arsacides ou des Sassanides. S'il représente,
au contraire, l'espèce africaine, il remonte au règne
des Achéménides ; mais en aucun cas il ne *saurait*
être antérieur à Cambyse, qui rendit l'Egypte tributaire
de l'empire perse ; et c'est par la voie de l'Égypte que
le rhinocéros d'Afrique devait arriver en Asie (1).

L'hypothèse qui ferait remonter ce monument au
règne des Achéménides, pourrait très-bien se soutenir, si l'on ne voyait pas figuré sur le même obélisque
de Nimroud un autre objet qui tranche la question. (La
gravure ci-dessous est tirée de l'ouvrage de Layard.)

(1) Le rhinocéros d'Afrique et le chameau de la Bactriane, offerts en
tribut, auraient été, pour ainsi dire, les signes des limites extrêmes de l'empire de Cambyse.

Xénophon dit, en parlant des Perses : « *Aujour-d'hui* leur vie est beaucoup plus molle que du temps de Cyrus.... En été ils ne se contentent pas de l'ombre des arbres et des rochers ; car là même ils s'abritent sous d'autres ombres, faites mécaniquement par les hommes qui se tiennent debout à leurs côtés (1). »

Cette ombre, *faite mécaniquement*, pour laquelle Xénophon n'avait pas même de nom particulier, est évidemment le parasol, représenté sur *l'obélisque* de Nimroud, ainsi que sur des monuments de Khorsabad, de Kalah-Shergat, de Kouïoundjik, etc. D'après le texte cité, il n'était pas encore connu du temps de Cyrus l'ancien, et le mot *aujourd'hui* veut dire deux siècles au moins après la destruction de Ninive ; car Xénophon était, comme on sait, contemporain de Cyrus le jeune qu'il accompagna dans son expédition contre Artaxarxès Memnon. On ne faisait donc alors usage du parasol que pour se garantir du soleil.

Selon toute apparence, le parasol n'a jamais été, sous les Achéménides, le signe du commandement.

Hérodote indique tous les détails de la pompe dont s'entourait Xerxès dans sa fameuse expédition, et il aurait oublié de mentionner l'emblème du pouvoir souverain !

Après la bataille d'Issus, la tente et tout le somptueux bagage de Darius tombèrent entre les mains d'Alexandre. Or, puisque le roi des Perses, dans sa fuite précipitée, avait abandonné sa mère et sa femme, il aurait

---

(1) Xenoph. *Cyropæd.* VIII,-8 (p. 656 edit. Schneid.) : Ἀλλὰ μὴν καὶ θρυπτικώτεροι πολὺ νῦν, ἢ ἐπὶ Κύρου, εἰσί... Ἔν γε μὴν τῷ θέρει οὐκ ἀρκοῦσιν αὐτοῖς οὔθ' αἱ τῶν δένδρων οὔθ' αἱ τῶν πετρῶν σκιαὶ, ἀλλ' ἐν ταύταις ἑτέρας σκιᾶς ἄνθρωποι μηχανώμενοι αὐτοῖς παρεστῶσι.

très-bien pu avoir oublié son parasol, qui eût été pour
les Grecs un objet de curiosité immense, comme le
fut naguère, pour les Parisiens, le parasol marocain
pris à la bataille d'Isly.

Pour que le parasol soit prodigué comme il l'est
sur ces monuments, et qu'on le voie invariablement
tenu au-dessus de la tête du roi soit debout, soit
assis sur son trône, il faut qu'il ait servi à tout autre
chose qu'à se procurer de l'ombre; c'est certainement ici
(et personne ne le conteste) le signe du commandement,
un attribut de la royauté. Or, c'est la signification qu'il
a dans l'Hindostan, où son usage est, de temps immémorial, fort répandu (1). Et, pour le répéter, les pays
de l'Euphrate et du Tigre n'eurent des relations intimes
avec l'Inde que sous le règne des Parthes (dynastie des
Arsacides) et des Néoperses (dynastie des Sassanides),
qui, tout en imitant avec une sorte d'affectation les
mœurs et jusqu'aux costumes des Mèdes et des anciens
Perses, empruntèrent beaucoup de choses aux Indiens,
auxquels ils étaient déjà naturellement alliés par la
race et la langue. Ainsi donc, ce prétendu monument
assyrien, sur lequel on voit tout à la fois le parasol et
le rhinocéros, ne peut pas même remonter au règne
des Achéménides.

Je pourrais m'arrêter là; car ce qui précède me paraît prouver surabondamment qu'on n'a point décou-
vert les ruines de l'antique Ninive, ce qui était le but
de mon travail, basé sur l'autorité réunie des anciens
et des monuments. Mais qu'il me soit permis de citer
encore quelques exemples à l'appui de ce que j'ai dit

(1) Arrien (*Indic.* 16) dit, en parlant des Indiens : σκιάδια (*umbracula*)
προβάλλονται τοῦ θέρεος ὅσοι οὐκ ἠμελημένοι Ἰνδῶν.

2.

plus haut, savoir que les monuments découverts sur
les bords du Tigre sont les commentaires sculptés des
écrivains grecs et romains qui nous parlent des Mèdes,
des Perses et des Parthes.

Tout nous retrace ici les emblèmes du culte du Soleil, du Feu, de la religion de Zoroastre. Le roi, qui
était en même temps le grand pontife, porte sur tout
son costume, sur sa tiare (particulièrement sur la
partie frontale), sur ses vêtements, sur ses anneaux,
sur le harnais même de ses chevaux, un ornement
symbolique, qu'on retrouve de même sur les monuments de Persépolis. Cet ornement, c'est le disque du
soleil, semblable à une fleur épanouie (voir la planche III), et pour prévenir toute équivoque, ce même
disque rayonnant est placé, sur des médailles des rois
parthes, à côté du croissant, symbole de la lune,
comme l'indique la gravure ci-dessous (1).

Quand le grand roi, ὁ μέγας βασιλεύς, se montrait re-
vêtu de ses ornements resplendissants de soleils, formés
de rayons d'or enchâssant des pierres précieuses, il était
honoré à l'égal d'une divinité (2): on le saluait à ge-

(1) Voy. Visconti, *Iconographie grecque*, pl. 49.
(2) Outre ces emblèmes, véritables armoiries, que les rois perses prodi-
guaient sur leur livrée, ceux-ci rappelaient encore par leurs titres le nom de
l'astre bienfaisant. Ainsi, *Cyrus* signifie *Soleil*, comme nous l'apprend Ctésias (Plut. in *Artaxerx.*): *khoro*, en zend, signifie *soleil*. Les rois sassanides
s'intitulaient *frères du soleil et de la lune*. Amm. Marcell., XXIII, 6.

noux, on l'adorait (προςκυνεῖν, *adorare*). (Voy. la grav.,
p. 17). L'adoration (προςκύνησις, *adoratio*) était exigée
de tous ceux qui étaient admis à l'audience du roi, et in-
troduits par des espèces d'huissiers ou maîtres des cérémonies (εἰσαγωγεῖς)(1). On le saluait dans l'attitude de
la prosternation. C'est ce que l'on voit sur l'obélisque de
Nimroud, ce «très-ancien monument assyrien.» Quelquefois aussi on le saluait à genoux et les mains jointes
par devant (2). Les suppliants avaient les mains jointes
derrière le dos; c'est ce qui les distinguait de ceux qui
faisaient le simple salut, prescrit par l'étiquette (3).
Cette manière de saluer le roi n'existait pas seulement
chez les Perses, elle était aussi en usage à la cour des
Arsacides et des Sassanides. Au rapport de Xénophon
et d'Arrien, Cyrus reçut le premier les honneurs de
l'adoration (4).

Le fondateur de l'ancienne monarchie perse régla
lui-même le cérémonial de la marche ou procession
royale. Il faut lire ce passage de Xénophon, les des-

---

(1) Les Grecs, en relation avec les rois des Perses, se refusaient souvent à
ce mode de salutation, au risque de nuire à leurs intérêts. Herodot. I, 136.
Xenoph. *Anab.* III, 2 : Οὐδένα γὰρ ἄνθρωπον δεσπότην, ἀλλὰ τοὺς θεοὺς
προςκυνεῖ. Cyrop. IV, 4 ; V, 3 ; VIII, 3. — Conon ne fut pas admis à l'audience de Xerxès, parce qu'il avait refusé de l'adorer, Justin. VI, 2 : Conon,
diu rege per epistolam frustra fatigato, ad postremum ipse ad eum pergit,
cujus aspectu et colloquio prohibitus est quod eum adorare nollet. — Pélopidas,
envoyé, après la bataille de Leuctres, auprès d'Artaxerxès, adora le roi avec
une restriction mentale (Ælian. *Var. Hist.* I, 21).

(2) Voy. Brisson, *de regio Persarum principatu,* p. 9-10 (edit. 1606), où
l'on trouve réunis les différents passages relatifs à ce genre de salut.

(3) Amm. Marcellin., XVIII, 8.

(4) Xenoph. *Cyrop.* VIII, 3 : Πρόσθεν δὲ Περσῶν οὐδεὶς Κῦρον προς-
εκύνει. Arrian., *Anab.* IV, 11 : Λέγεται τὸ πρῶτον προσκυνηθῆναι ἀνθρώ-
πων Κῦρον. — En se prosternant, on prononçait ces paroles : «*O roi, vivez
éternellement,* מַלְכָּא לְעָלְמִין חֱיִי (Daniel VI, 7 et 21).»

sins des monuments de Khorsabad et de Nimroud à la main.

« La veille de la sortie du palais (cérémonie qui devait être un nouveau moyen employé pour rendre l'autorité du roi plus respectable), Cyrus manda auprès de lui ses principaux officiers et leur distribua des robes médiques (στολὰς μηδικάς); et les Perses prirent alors pour la première fois cet habillement. En faisant cette distribution, il leur dit qu'il voulait se rendre avec eux dans les champs consacrés aux dieux et y offrir des sacrifices... Tous les préparatifs de la marche furent terminés le lendemain avant que le jour parût. On avait placé de chaque côté de la route une haie de soldats, comme on en place encore maintenant dans les endroits que le roi doit traverser, et il n'est permis qu'aux grands personnages de passer au milieu (ὧν ἐντὸς οὐδενί ἐστιν εἰς ιέναι τῶν μὴ τετιμημένων). Il y avait des *mastigophores* (porteurs de fouet, μαστιγοφόροι) qui devaient frapper quiconque ferait du désordre (οἳ ἔπαιον εἴ τις ἐνοχλοίη). Un corps de quatre mille doryphores (δορύφοροι, lanciers), sur quatre rangs, était placé en face du palais, deux mille de chaque côté de l'entrée. Tous les cavaliers présents avaient mis pied à terre, et tenaient leurs mains sous leurs *candys* (διειρχότες τὰς χεῖρας διὰ τῶν χανδύων). Les Perses occupaient la droite, et les alliés la gauche du chemin ; les chars étaient aussi rangés, en nombre égal, des deux côtés.

« Lorsque les portes du palais furent ouvertes, on en vit d'abord sortir quatre taureaux de toute beauté (ταῦροι πάγκαλοι) qui devaient être offerts à Jupiter et

aux autres divinités (1), désignées par les mages. Après
les taureaux venaient les chevaux qui devaient être sa-
crifiés au Soleil (ἵπποι, θῦμα τῷ Ἡλίῳ); ensuite, un char
blanc, à timon doré, richement orné, consacré à Jupiter (ἅρμα λευκὸν, χρυσόζυγον, ἐστεμμένον, Διὸς ἱερόν) (2);
puis, venait le char blanc du Soleil, orné comme le
précédent; enfin, un troisième, traîné par des chevaux
couverts de housses de pourpre (φοινικίσι καταπεπτα-
μένοι οἱ ἵπποι). Derrière ce char marchaient des hommes portant du feu dans un grand bassin ou foyer (πῦρ
ἐπ᾽ ἐσχάρας μεγάλης φέροντες) (3).

« Cyrus parut enfin lui-même, monté sur un char,
portant la tiare droite (ὀρθὴν ἔχων τὴν τιάραν), une tunique de pourpre d'une étoffe blanche au milieu (χι-
τῶνα πορφυροῦν μεσόλευκον) (4), habillement réservé au
roi seul (ἄλλῳ δ᾽ οὐκ ἔξεστι μεσόλευκον ἔχειν), des anaxyrides teintes en couleur pourpre foncé (περὶ τοῖς σκέ-
λεσιν ἀναξυρίδας ὑσγινοβαφεῖς) et un candys tout en pourpre (κάνδυν ὁλοπόρφυρον). Il avait aussi un diadème autour de la tiare (εἶχε δὲ καὶ διάδημα περὶ τῇ τιάρᾳ). Ses
cousins (συγγενεῖς) portaient le même diadème, distinction qui a été conservée jusqu'à ce jour. Il avait les

____

(1) Les Grecs assimilaient à leurs dieux les dieux des barbares. Jupiter est
ici synonyme de ciel. (Strab. XV : τὸν οὐρανὸν ἡγούμενοι Δία.)

(2) Ce char était orné (comme le représentent les monuments) de
disques solaires, semblables à des corolles (de fleurs) épanouies. C'est ce
qu'indique le mot ἐστεμμένον employé par Xénophon. On le portait à bras.
(Voy. planche II.)

(3) Ce que Xénophon nomme ici ἐσχάραι (foyers) (Quinte-Curce III, 3)
l'appelle *altaria*, et Ammien Marcellin *foculos* (lib. XXIII, 6). On voit de
ces autels de feu figurés sur les monuments. (Voy. pl. III, p. 46.)

(4) C'est ce que Quinte-Curce (III, 3) nomme *tunicam purpuream, cui
medium album intextum erat*.

mains découvertes. A côté de lui était placé le con-
ducteur du char (ἡνίοχος), homme d'une haute taille,
mais qui semblait inférieure à celle du roi. Dès qu'on
aperçut Cyrus, tous l'adorèrent, soit que des agents
(κεκελευσμένοι) en eussent donné l'exemple, soit par un
effet de l'admiration.

« Après que le char de Cyrus fut sorti du palais,
les quatre mille doryphores se mirent en marche, et
vinrent se placer deux mille de chaque côté du char.
Environ trois cents *skeptuques* (σκηπτοῦχοι, porte-scep-
tres, ennuques) richement équipés et armés de lances,
suivirent à cheval. Après eux, on menait en main environ deux cents chevaux, élevés pour Cyrus, ornés de
freins d'or et couverts de housses à longues lanières
ou franges (χρυσοχάλινοι καὶ ῥαβδωτοῖς ἱματίοις καταπεπ-
ταμένοι). Ils étaient suivis de deux mille *xystophores* (1),
après lesquels marchait le corps d'élite des dix-mille (οἱ
πρῶτοι γενόμενοι μύριοι), disposés par carrés de cent.

« Une multitude d'hommes suivaient le cortége en de-
hors des deux haies. De tous côtés, on présentait des
requêtes à Cyrus. Celui-ci envoyait dire par ses *skeptuques* (il y en avait toujours trois de chaque côté du
char pour porter ses ordres, ἕνεκα τοῦ διαγγέλλειν) de
s'adresser à ses officiers, chargés de lui rendre compte
des demandes...

« Lorsqu'on fut arrivé aux champs sacrés (τὰ τε-
μένη), on sacrifia d'abord à Jupiter des taureaux qui
furent brûlés en entier (ὡλοκαύτωσαν τοὺς ταύρους),
puis au Soleil, des chevaux qui furent brûlés de même.

---

(1) Les ξυστοφόροι (porteurs de javelots courts) étaient les mêmes que les
mélophores, tirés du corps d'élite des dix-mille, appelés les *Immortels*.

On offrit ensuite des victimes à la Terre (Γῆ σφάξαν-
τες) (1) comme l'avaient ordonné les mages, enfin aux
héros protecteurs de la Syrie. Les sacrifices ache-
vés, comme le lieu était beau, Cyrus marqua un espace d'environ cinq stades, pour ordonner une course
aux chevaux... Il ordonna aussi une course de chars,
après laquelle il distribua des bœufs et des coupes aux
vainqueurs (2). »

Après ce récit détaillé, Xénophon ajoute : « *Le cérémonial de cette marche, ordonné par Cyrus* (3), *s'ob-
serve encore aujourd'hui, quand le roi sort de son palais* (οὕτως ἔτι καὶ νῦν διαμένει ἡ βασιλέως ἔλασις). »

L'étiquette de cette pompe royale paraît avoir sub-
sisté jusqu'à la chute du grand empire des Perses. Car,
Quinte-Curce trace, à quelques détails près, le même
tableau du cortége de Darius, allant à la rencontre
d'Alexandre le Grand (4).

(1) Ce culte de la Terre rappelle celui de la *Hertha* chez les anciens Germains (Tacit. *Germ.* 40, 45). Le mot *Hertha* (*erd, art, arts*) signifie *terre*
dans les dialectes germaniques, comme dans les idiomes persans.—Les Perses
adoraient, outre le soleil, la lune, Vénus, le feu, les vents, l'air. Le Soleil
s'appelait *Mithras* (Strab. XV, 3).

(2) Xénoph. *Cyropæd.* VIII, 3. — Pour m'indiquer des renseignements
historiques sur l'architecture et les beaux-arts à Ninive, M. de Saulcy (*Mo-
niteur*, 18 février 1850) m'avait invité à lire quelques versets d'Ezéchiel
(XXIII, 14, 15, 16); je prends la liberté de le prier, en retour, de lire ce
passage si précis de Xénophon.

(3) Cyrus ne l'a donc pas emprunté aux Assyriens, ni même aux Mèdes,
qui succédèrent aux Assyriens.

(4) *Curt.* III, 3 : Patrio more Persarum traditum est, orto sole demum
procedere; die jam illustri signum e tabernaculo regis buccina dabatur; super
tabernaculum unde ab omnibus conspici posset, imago Solis crystallo inclusa
fulgebat. Ordo autem agminis erat talis. Ignis, quem ipsi sacrum et æter-
num vocabant, argenteis altaribus præferebatur. Magi proximi patrium car-
men canebant. Magos trecenti et sexaginta quinque juvenes sequebantur,
puniceis amiculis velati, diebus totius anni pares numero : quippe Persis
quoque in totidem dies descriptus est annus. Currum deinde Jovi sacratum

Les Perses aimaient singulièrement ces marches d'apparat. Si les anciens ne nous l'avaient pas dit, les monuments découverts par MM. Botta et Layard nous l'auraient appris. Les planches III et IV en offrent un fragment. Le roi (pl. III) est suivi de trois eunuques portant les instruments d'un sacrifice à Mithras : un autel portatif, un bassin et les *pyréthées* (voy. p. 44). Sur la pl. IV, on voit deux ennuques portant le char du Soleil, sur lequel « ne monte aucun mortel » ; derrière ce char sont les chevaux sacrés, *Niséens*, magnifiquement caparaçonnés, ἱεροὶ Νισαῖοι καλεύμενοι ἵπποι (Herod. VII, 40).

Qu'il me soit permis d'examiner de plus près quelques-unes de ces figures décrites par les anciens et sculptées sur ces monuments. Ce sera le commentaire du texte qui précède.

Taille haute, bien faite, chevelure épaisse, barbe très-fournie, tête plus souvent ronde qu'ovale, tels sont les principaux caractères du type *perso-germanique* de la race caucasienne. C'est ce type qu'offrent la plupart des personnages représentés sur les monuments en question ; on est surtout frappé de cette ex-

albentes vehebant equi : hos eximiæ magnitudinis equus, quem Solis appellabant, sequebatur ; aureæ virgæ et albæ vestes regentes equos adornabant. Haud procul erant vehicula decem, multo auro argentoque cælata. Sequebatur hæc equitatus duodecim gentium, variis armis et moribus. Proximi ibant quos Persæ *Immortales* vocant, ad decem millia. Cultus opulentiæ barbaræ non alios magis honestabat......Cultus regis inter omnia luxuria notabatur : purpureæ tunicæ medium albo intextum erat ; pallam auro distinctam aurei accipitres, velut rostris inter se corruentes, adornabat, et zona aurea muliebriter cinctus acinacem suspenderat, cui ex gemma erat vagina. Cidarim Persæ regium capitis vocabant insigne ; hoc cærulea fascia albo distincta circumibat. Currum decem millia hastatorum sequebantur : hastas argento exornatas, spicula auro præfixa gestabant. Dextra lævaque regem ducenti ferme nobilissimi propinquiorum comitabantur. Horum agmen claudebatur triginta millibus peditum, quos equi regis quadringenti sequebantur.

pression de bonhomie et de mâle vigueur, traits saillants du type germanique, que porte leur physionomie. (Voy. les planches.) Tous ces personnages ont la chevelure épaisse et une longue barbe, artistement bouclées (1). La chevelure était un ornement pour les Perses, comme c'était un des signes distinctifs de la race royale chez certains peuples germaniques. — Xénophon rend cet arrangement soigneux de la chevelure par le mot si expressif de προσθέτοι (sc. κόμαι), *cheveux étagés*; et il ajoute que cette mode a passé des Mèdes aux Perses (2). Les Parthes l'adoptèrent par la suite (3). — Hérodote donne aux Perses le nom de *chevelus* (κομητέαι) (4). C'est l'épithète que les chroniqueurs du moyen âge donnent aux anciens rois francs. Dans l'épitaphe d'Eschyle, rapporté par Athénée (lib. XIV), les Perses sont appelés βαθυχαιτιεῖς, *hommes à épaisse crinière*. — L'empereur Vespasien répondit spirituellement aux astrologues qui lui annonçaient, comme un mauvais présage, l'apparition d'une comète, que cela regardait le roi des Perses dont la chevelure était trop longue (*cui capillus effusior*) (5).

Coiffure (tiare, *cyrbasis*, *cidaris*). La *tiare droite* (τιάρα ὀρθή), *entourée du diadème*, était, chez les Perses, l'insigne de l'autorité souveraine (6). C'est

---

(1) Les eunuques se reconnaissent à l'absence de la barbe, et aux traits plus arrondis, plus efféminés de leur visage.

(2) Xenoph. *Cyrop.* I, 3 : νόμιμα ἦν ἐν Μήδοις.

(3) Plutarch. in *Crasso.*

(4) Herod. lib. VI, 19.

(5) Sueton. in *Vespas.* cap. XXIII.

(6) Xenoph. *Anab.* II, 5 : τὴν μὲν γὰρ ἐπὶ τῇ κεφαλῇ τιάραν βασιλεῖ μόνῳ ἔξεστι ὀρθὴν ἔχειν. Ejusd. *Cyrop.* VIII, 3 , εἶχε (Cyrus) δὲ καὶ διάδημα περὶ τῇ τιάρᾳ. Cf. Lucian. in *Navig.* et in *Piscat.* Aristoph.

exactement la coiffure du roi représentée sur les monuments en question. (Voy. planche III.) On y
voit deux zones ou bandes, qui enveloppent la
tiare et descendent derrière les épaules; les inter-
valles laissés entre les zones du diadème, sont
garnis de disques solaires et d'autres ornements en
or et en pierreries. Ces zones (bandes) étaient bleues
ou pourpres, bordées de blanc (1). Toute l'étoffe était
parfumée des plus précieux aromates (2). Les rois
Parthes, jaloux d'imiter les rois des anciens Perses,
adoptèrent une coiffure semblable comme signe dis-
tinctif de leur autorité (3).

Aves, V, 486 et 487, compare le coq portant la crête droite au roi des
Perses, orné de la tiare ou kyrbasie :

Διὰ ταῦτ' ἄρ' ἔχων, καὶ νῦν ὥςπερ βασιλεὺς ὁ μέγας διαβιβάσκει·
Ἐπὶ τῆς κεφαλῆς τὴν κυρβασίαν, τῶν ὀρνίθων μόνος ὀρθήν.

Le scoliaste, citant Plutarque, fait observer ici que les rois des Perses seuls
portaient la tiare droite. *Suidas* (voc. τιάρα) confirme ces témoignages, en
ajoutant que les généraux portent la tiare inclinée, sans doute pour la distinguer de celle du roi : τιάρα κόσμος ἐπικεφάλαιος, ἣν οἱ βασιλεῖς μόνοι
ὀρθὴν ἐφόρουν παρὰ Πέρσαις· οἱ δὲ στρατηγοὶ κεκλιμμένην. — *Cyrbasie* et
cidaris sont employés comme synonymes de *tiare* ou de coiffure royale.
Hesychius : Τιάρα ἡ λεγομένη κυρβασία· ταύτῃ δὲ οἱ Περσῶν βασιλεῖς μόνοι ἐχρῶντο ὀρθῇ· οἱ δὲ στρατηγοὶ ἐπικεκλιμμένῃ. *Suidas* : Κύρβασις ἔνιοι
μὲν τιάραν ᾗ οἱ βασιλεῖς τῶν Περσῶν ὀρθῇ ἐχρῶντο· οἱ δὲ στρατηγοὶ ἐπικεκλιμμένῃ. Arrien (lib. VI, 29), en parlant du satrape Atropate, dit qu'il se
proclama roi des Perses et des Mèdes, après avoir mis la *cydaris droite*
(ὀρθὴν τὴν κίδαριν περιθέμενος, βασιλέα προσεῖπεν αὐτὸν Περσῶν τε καὶ
Μήδων). Cf. Plutarch. in *Anton*. (κίδαριν ὀρθήν). Bessus, après le meurtre
de Darius, se proclama roi, en prenant τιάραν ὀρθὴν et περσικὴν στολήν
(Arrian. III, 21).

(1) Curt. III, 3 : *Cærulea fascia albo distincta*. Ibid. 6 : *Purpureum
diadema, distinctum albo*.

(2) Suivant Hésychius, la tiare ou cidaris était composée de matières
résineuses, odoriférantes, telles que la myrrhe et le *labyze* : Ἐστὶ (κίδαρις) δὲ ἐκ σμύρνης καὶ λαβύζου· ἡ δὲ λάβυζός ἐστι πολυτιμωτέρα αὐτὴ
τῆς σμύρνης, καὶ ὄζει ἥδιστον, καὶ θυμίαμά ἐστι κάλλιστον παρὰ βασιλεῖ·
ἐκ τούτων ἡ κίδαρις πέπλασται.

(3) Joseph. *Antiquit.* XX, 3 : Ὀρθὴν ἐπέτρεψε αὐτῷ φορεῖν, καὶ ἐπὶ

La coiffure ordinaire des Perses avait la forme d'un bonnet conique, semblable à la tiare royale, si ce n'est que celle-ci était tronquée au sommet et surmontée d'une pointe immobile, droite (ὀρθή). Dans le bonnet commun, la pointe pouvait se fléchir soit en avant soit en arrière (ἐπικεκλιμμένη et ὑποκεκλιμμένη) (1), ce qui tenait à la nature de l'étoffe employée. C'est là ce qu'Hérodote appelle πίλους ἐπαγέας, *bonnets flexibles* (2). Cimon, commandant de la flotte d'Athènes, usa d'un stratagème en coiffant ses soldats de bonnets, afin de les faire prendre pour des Perses (3). La matière de ces bonnets était probablement de la laine. Quand la fourrure était épaisse, la pointe du bonnet (πῖλος, *pileus*) devait être droite ou s'incliner difficilement et à la longue (4). C'est ce bonnet droit que portent beaucoup de figures d'hommes sur les monuments de Khorsabad et de Nimroud, à moins qu'on ne veuille le prendre pour un bonnet métallique (5). Les Parthes, qui l'avaient aussi adopté, en

χρυσῆς κλίνης καθεύδειν, ὃ μόνον ἐστι γέρας καὶ σημεῖον τῶν Πάρθων βασιλέων. Dion. Cass. XXXVI : Tigrane portait la tiare enveloppée du diadème (τιάραν καὶ διάδημα περὶ αὐτήν).

(1) Pollux, *Onomast.* VII, 13, en énumérant les diverses parties du costume *particulier aux Perses* (Περσῶν ἴδια), nomme, outre le *candys* et les *anaxyrides*, la tiare, en ajoutant qu'on l'appelle aussi κυρβάσια, κίδαρις et *bonnet* (πῖλος). — Hésychius définit le κίδαρις par *bonnet royal* (πῖλος βασιλικός), « que l'on appelle aussi tiare » (ὃν καὶ τιάραν καλοῦσι).

(2) Hérodote (VII, 61), décrivant le dénombrement des troupes de Xerxès dans la plaine de Dorisque, dit que les Perses avaient autour de leurs têtes des bonnets flexibles (περὶ μὲν τῆσι κεφαλῆσι εἶχον τιάρας καλευομένους πίλους ἐπαγέας).

(3) Diodor. XI.

(4) Ces bonnets de laine sont encore aujourd'hui en usage chez beaucoup de montagnards de race indo-germanique.

(5) C'est ce bonnet que Strabon (XV, 3) nomme πίλημα πυργωτόν (en

reçurent le surnom de *pileati* (1). Sur d'autres figures que représentent ces mêmes monuments, la pointe du bonnet est indifféremment inclinée en arrière ou en avant, comme l'indiquent Suidas et Hésychius (2). Les cercles qui entourent quelquefois la partie inférieure du bonnet, paraissent être l'indice d'un rang élevé. Le bonnet-tiare des commandants militaires ressemblait à celui des Mages (3). Or, chez les Mages, ce bonnet couvrait en même temps les joues et les lèvres. C'est ce que nous montrent aussi les monuments. (Voy. grav. p. 39.)—Au lieu du bonnet conique, on y remarque aussi une coiffure plate, semblable à une calotte ou plutôt à un morceau d'étoffe, lié autour de la tête. C'est ce que Strabon, décrivant le costume des Perses, appelle un *morceau de toile autour de la tête* (4). — Au rapport d'Hérodote et de Xénophon, les Perses allaient au combat, les uns coiffés du bonnet ou tiare, les autres tête nue, d'autres enfin portant des casques d'airain ou de fer, ayant quelque ressemblance avec les casques grecs (5). C'est

forme de tour); c'était la principale coiffure des soldats. Le mot πίλημα (bonnet) écarte l'idée d'une coiffure métallique.

(1) Martial. lib. X, *Epigr.* 22.

(2) Ce bonnet, à pointe inclinée en avant, ressemble exactement au bonnet phrygien, comme on le voit sur le bas-relief du Louvre (Sacrifice à Mithras).

(3) Strab. **XV**, 3 : Ἡγεμόνεσι..... τιάραι παραπλήσιαι ταῖς τῶν μάγων.

(4) Strab. **XV**, 3 : Ῥάκος δὲ σινδόνιόν τι περὶ τῇ κεφαλῇ.

(5) Herod. VII, 61 :Ἔρχονται εἰς τὰς μάχας ἔχοντες κυρβασίας ἐπὶ τῇσι κεφαλῇσι. Xénoph. *Anab.* I, 8 : Κῦρος δὲ ψιλὴν ἔχων τὴν κεφαλὴν εἰς τὴν μάχην καθίστατο· λέγεται καὶ τοὺς ἄλλους Πέρσας ψιλαῖς ταῖς κεφαλαῖς ἐν τῷ πολέμῳ διακινδυνεύειν. Herod. VII, 63 : Ἐπὶ τῇσι κεφαλῇσι εἶχον ἔνιοι αὐτέων καὶ χάλκεα καὶ σιδήρεα ἐξεληλαμένα ποιήματα. Xenoph. *Cyrop.* VII, 3 : Κρανέσι χαλκοῖς, λόφοις λεύκοις.

exactement ce que nous montrent encore les monuments (1).

Vêtement. Le vêtement caractéristique des Mèdes, des Perses et des Parthes était une robe longue, qui tombait presque jusqu'aux pieds et donnait à la taille une belle apparence. C'est ce vêtement que les anciens désignaient sous les noms de Μηδικὴ στολή, Περσικὴ στολή, στολή βαρβαρική, *medica vestis*, *persica vestis*, *palla* (2). Cette *stole* ou robe médo-persique est définie par χιτὼν ποδήρης, c'est-à-dire tunique allant jusqu'aux pieds (3). Le nom spécial de ce vêtement était κάνδυς, *candys* (4).

Cyrus emprunta le candys aux Mèdes, et le fit d'abord prendre à ses compagnons d'armes. « Car ce vêtement, ajoute Xénophon, lui semblait le mieux cacher les défauts du corps et faire paraître beaux et très-grands de taille ceux qui le portaient. » — Ces mots peignent très-fidèlement les figures à longues robes que nous montrent les monuments. (Voyez les planches.) (5)

La tunique longue était en lin ou en coton (בּוּץ

---

(1) Sur les dariques ainsi que sur les médailles des Arsacides et des Sassanides, la coiffure des rois est un bonnet droit, à sommet plus ou moins tronqué.

(2) Herodot. V, 49 et VII, 61, Xenoph. *Cyrop.* I, 3, 4 ; II, 4 ; VIII, 4 ; *Anab.* I, 2 : IV, 5. Arrian. IV et VI. Plutarch. in *Alexandr.*

(3) On l'appelle aussi χιτὼν χειριδωτός, ce qui veut dire tunique à manches *où l'on passe la main*, et non pas tunique dont les manches vont jusqu'aux mains ; car ces manches auraient caché les anneaux que les Perses portaient, non-seulement autour des poignets, mais encore autour des bras.

(4) Suidas et Hésychius définissent le *candys* par *tunique perse* (κανδύς, χιτὼν Περσικός). Or, la tunique persique n'était autre que le χιτὼν ποδήρής (tunique allant jusqu'aux pieds), qui différait beaucoup de la tunique courte des Grecs.— Voy. Hase in H. Steph. v. κανδύς (édit. Didot).

(5) Xenoph. *Cyrop.* lib. VIII, 1 : Στολήν τε γοῦν εἵλετο τὴν Μηδικήν, αὐτός τε φορεῖν καὶ τοὺς κοινῶντας ταύτην ἔπεισεν ἐνδύεσθαι· αὐτὴ γὰρ

byssus) (1). La stole royale était teinte de pourpre, brodée d'or et garnie de pierres précieuses (2), aussi Élien compare-t-il les plumes du paon à l'habillement chamarré des Mèdes et des Perses (3). Le roi, ses cousins (συγγενεῖς), ses principaux officiers ainsi que ses eunuques (ces derniers remplissaient tout à la fois les fonctions de chambellans, de conseillers et d'aides-de-camp) avaient seuls le droit de porter le candys, avec la différence que celui du roi était en pourpre marine (rouge-violet), c'est-à-dire teint avec le coquillage à pourpre (*murex Brandaris*), tandis que pour les autres il était en rouge commun, le plus souvent teint avec une couleur végétale (4). Quand le roi voulait honorer quelqu'un, il lui donnait, entre autres pré-

αὐτῷ συγκρύπτειν ἐδόκει, εἴτις τι ἐν τῷ σώματι ἐνδεὲς ἔχοι, καὶ καλλίστους καὶ μεγίστους ἐπιδεικνύναι τοὺς φοροῦντας.

(1) Herodot. I, 195.

(2) Les pierres précieuses sont disposées circulairement et enchâssées dans un petit cadre carré. Les broderies d'or sont des disques solaires (armoiries des rois persans), ayant une pierre précieuse au centre. (Voy. planche III.) Quelquefois on y voyait figurés des animaux de diverses espèces; sur le candys de Xerxès on voyait représentés des combats d'éperviers (*pallam auro distinctam, aurei accipitres, velut rostris inter se corruentes, adornabant*, Curt.). On voit des ornements semblables sur les candys des rois parthes, figurés sur les médailles. (Voy. Cabinet des médailles de la Bibl. nat.)— Comp. Plutarch. in *Artax*. Josèphe. (*Antiq. jud.* XI, 6,) en parlant du roi Artaxerxès, s'exprime ainsi : Ἐπὶ τοῦ θρόνου, τὸν βασιλικὸν περικείμενόν κόσμον, ὃς ἦν ἐκ ποικίλης μὲν ἐσθῆτος, χρυσοῦ δὲ καὶ λίθου πολυτελοῦς.— Le candys s'appelait aussi ζωωτός ou ζωδιωτός, à cause des animaux qui y étaient figurés. Pollux, VII, 43 : Κατάστικτος χιτών ἐστιν, ὁ ἔχων ζῶα ἢ ἄνθη ἐνυφασμένα· καὶ ζωωτὸς δὲ χιτὼν ἐκαλεῖτο καὶ ζωδιωτός.

(3) Ælian. *Hist. animal.* V, 21.

(4) Pollux, *Onomast.* VII, 13 : Ὁ μὲν βασίλειος κάνδυς ἁλιπόρφυρος· ὁ δὲ τῶν ἄλλων, πορφυροῦς. — Xenoph. *Cyrop.* I, 3, 2. — C'est à cause de cette double nuance que les étoffes teintes avec la pourpre marine se nommaient *dibaphes* (deux fois teintes); peut-être les obtenait-on réellement par deux immersions différentes dans le bain. Le mot *hysginobaphe* paraît avoir eu la même signification.

sents , un candys (1). Par dessus la tunique longue de
lin (allant jusqu'aux pieds), (κιθῶν, ποδηνεκέι λινέῳ) on
mettait une autre tunique (plus courte) en laine
(εἰρίνεον κιθῶνα); et sur celle-ci, on portait une sorte de
chemisette blanche, χλανίδιον λεῦκον (2). C'est l'habillement que portaient les Perses à l'époque où Hérodote
visita Babylone. C'est aussi ce genre de costume que
retracent les monuments. (Voy. les planches.)

Quelle est cette espèce de surtout à franges, qui
recouvre la stole (candys) du roi (voy. planche III)?
C'est, selon toute apparence, la *caunace* (χαυνάκη), dont
parle Aristophane, et qu'on appelait aussi la *Persane.*
L'interprétation qu'en donne le scoliaste s'applique
exactement à ce que nous montrent les monuments (3).
La tunique longue est de même frangée au bas ; c'est
pourquoi les Grecs l'appelaient στολιδωτός (4).

Anaxyrides (5). Les *anaxyrides* étaient plus que de

(1) **Xenoph.** *Anab.* I, 2; *Esther*, VIII, 15 : « Mardochée reçoit d'Artaxerxès לְבוּשׁ מַלְכוּת, *une robe royale.* »

(2) **Herodot.** I, 195. — Le χλανίδιον λεῦκον était le μεσόλευκον de quelques auteurs, ainsi appelé parce qu'il enveloppait le milieu du corps, et
ressemblait à un tablier blanc. On lui donnait aussi le nom barbare de *Sa-
rapis*. Cf. Ctes. *Fragm.* p. 73, édit. Didot.

(3) Aristoph. *Vesp.* v. 410 : Οἱ μὲν καλοῦσι περσίδ', οἱ δὲ χαυνάκην.
Le scoliaste Palamède ajoute que la *caunace est un surtout persique ayant
des franges des deux côtés* (χαυνάκη ἐστι περσικὸν ἱμάτιον ἔχον ἐκ τοῦ
ἑτέρου μέρους μάλλους).

(4) Pollux, *Onomast.* VII, 13 : στολίδες,— στολιδωτὸς— : τὰς ἐξεπίτηδες
ὑπὸ δεσμοῦ γιγνομένας κατὰ τέλη τοῖς χιτῶσι ἐπιπτυχάς, μάλιστα ἐπὶ
λινῶν χιτωνισκῶν. —La *caunace* paraissait remplacer la tunique de laine
qui recouvrait la tunique longue.

(5) Les *anaxyrides* sont des *pantalons collants ;* le mot *chausses* (qui ne
couvrent les membres inférieurs que jusqu'aux genoux) ne leur convient
point. Ce n'était donc pas là les pantalons larges dont on attribue l'invention
à Sémiramis. — Les κνημῖδες, qu'on connaissait déjà à la guerre de Troie,
ne couvraient que la jambe; c'étaient de simples *jambarts,* et non pas des
anaxyrides.

simples chausses ; car elles couvraient étroitement la cuisse et la jambe, et étaient souvent entourées de jarretières. (Voir les monuments.) Véritables pantalons collants, les anaxyrides étaient une pièce caractéristique du costume des Mèdes et des Perses. Elle leur valut le surnom de *braccati* (1), comme aux Gaulois issus de la grande filiation indo-persane. Quels rapprochements instructifs viennent s'ajouter encore aux preuves tirées de la linguistique !

Alexandre n'osa pas porter les anaxyrides, parce qu'il se serait trop écarté du costume grec. « Mettre les candys et les anaxyrides, était synonyme de s'habiller à la mode des Perses (2). »—Hérodote nous apprend que les Perses marchaient au combat revêtus de leurs anaxyrides en peau (3), et, d'après Xénophon, celles-ci étaient rayées ou teintes de couleurs vives (4). C'est ainsi, en effet, que nous les représentent les monuments. (Voy. la gravure.)

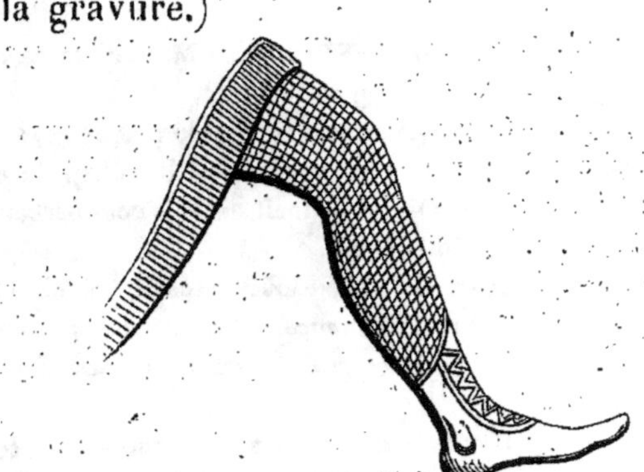

(1) Ovid. *Trist.* lib. V, eleg. 11. Persius, Sat. III : *Medos braccatos.* Conf. Pollux, *Onomast.* VII, 13. Hesychius et Suidas, voc. ἀναξυρίς; Eustath. ad Iliad. lib. I. H. Stephan. *Thesaur. ling. græc.* voc. ἀναξυρίς. — Les *anaxyrides* s'appelaient aussi *sarabaras* ou *saraballes* (Dan. III, 21 et 27). Elles étaient aussi en usage chez les Parthes.

(2) Suidas, voc. κάνδυς.

(3) Herod. lib. VII, 61, I, 71 : Ἀναξυρίδας ἔχοντες ἔρχονται εἰς τὰς μάχας.

(4) Xenoph. *Anabas.* I, 5 : Ἀναξυρίδες ποικίλαι. *Cyrop.* VIII, 3 : ἀναξυρίδες ὑσγινοβαφεῖς.

Ceinture (ζώνη, *zona*). La ceinture est une partie indispensable du costume des Perses. Chez les Grecs, les femmes seules s'en servaient pour serrer la taille. Cette particularité entre peut-être pour beaucoup dans le reproche d'une vie efféminée que les Grecs adressaient aux Perses. — Le roi avait une ceinture d'or à laquelle était suspendu le glaive, dont le fourreau était garni de pierres précieuses (1). Les guerriers portaient des poignards attachés à la ceinture, sur la cuisse droite (2). (Voy. les monuments, toujours d'accord avec les textes anciens.)

Chaussure. En examinant les monuments, on est frappé de l'aspect mesquin que présente la chaussure (sandale à talon), même celle du roi, à côté de la richesse du reste du costume. Ce contraste n'avait point échappé aux Grecs. *Chaussure persique* était synonyme de *chaussure de misérable apparence* (3). (Voy. pl. I, II.) — Cependant, on voit aussi, sur les mêmes monuments, les porteurs d'anaxyrides, chaussés d'une espèce de brodequins allant jusqu'au mollet (voy. la figure précédente), et le dépassant même quelquefois. Ici en-

______

(1) Curt. III, 3 : *Zona aurea muliebriter cinctus, acinacem suspenderat cui ex gemma erat vagina.* — Les Grecs appelaient les sujets des rois de Perse, *adorateurs de la ceinture persique*, περσικὴν ζώνην προσκυνοῦντας. Plutarch. *in Alexand.* — C'était la coutume des Perses de saisir par la ceinture les condamnés à mort et de les livrer aux exécuteurs de la sentence. (Xenoph. *Anab.* I, 6.) — L'un des apanages de la reine des Perses portait le nom de *ceinture* (Xenoph. *Anab.* I, 4).

(2) Hérodot. VII, 61 : Ἐγχειρίδια παρὰ τὸν δεξιὸν μηρὸν παραιωρεύμενα ἐκ τῆς ζώνης, dit cet auteur en parlant des soldats perses de l'armée de Xerxès.

(3) Stephan. Byzant. : Περσικαί, εἶδος εὐτελοῦς ὑποδήματος. — Hesychius : Περσικά, εὐτελῆ ὑποδήματα. — Eustath. in *Dionys. de Situ orbis,* vers. 1057 : Αἱ παρονομαζόμεναι αὐτοῖς Περσικαὶ ἐμβάδες, ὥς τινες φασίν, ὑπόδημα εὐτελὲς ἦν.

3.

(36)

core les sculptures s'accordent avec le texte; car Hérodote dit, en parlant des habitants de la Babylonie, alors sujets des rois de Perse, qu'ils portaient des chaussures semblables aux brodequins béotiens (1).

Boucles d'oreilles. Une chose qui frappe à la première vue, c'est que presque tous les personnages sculptés sur les monuments ont des pendants ou boucles d'oreilles, dont plusieurs se composent de grosses perles (2). Les Mèdes et les anciens Perses ne paraissent pas avoir fait de cet ornement un usage aussi général. Hérodote, qui a décrit si minutieusement (1, 195) le costume des habitants de l'Assyrie (Babylonie), et Xénophon, qui eut le loisir d'examiner de si près bien des Perses, n'en font pas même mention. Cet ornement aurait dû cependant attirer leur attention, d'autant plus qu'il était tout à fait inusité chez les Grecs (3). Mais ce qui est ici digne de remarque, c'est que les boucles d'oreilles furent d'un usage extrêmement commun sous le règne des Arsacides et des Sassanides, c'est-à-dire à une époque à laquelle les relations avec l'Inde (où les pendants d'oreilles, comme le parasol, sont connus de temps immémorial) étaient infiniment plus fréquentes qu'auparavant (4). (Voy. les planches.)

(1) Hérodot. I, 195 : Ὑποδήματα ἐπιχώρια, παραπλήσια τῇσι Βοιωτῇσι ἐμβάσι.

(2) Tertull. *de Cultu fœmin.* — Procop. *de Bello persico*, lib. I : Μάργαρος λευκότητί τε καὶ μεγέθους ὑπερβολῇ ἔντιμος, ἐξ ὠτὸς τοῦ δεξιοῦ ἀπεκρέματο.

(3) Dans la Retraite des dix mille, un certain soldat, qui voulait se faire passer pour Grec, fut reconnu pour un Lydien, parce qu'il avait les oreilles percées (ἐπεὶ ἐγὼ αὐτὸν εἶδον, ὥσπερ Λυδὸν ἀμφότερα τὰ ὦτα τετρυπημένον, *Anab.* III, 1, 31; voy. la note de Schneider, p. 177 ed. Bornem.). — Les habitants de la Palestine paraissent avoir connu de bonne heure les boucles d'oreilles (נְטִיפוֹת , *Jud.* VIII, 26; *Jes.* III, 19).

(4) Voy. plus haut, p. 16 et suiv.

Collier et bracelet. Le collier et le bracelet étaient au nombre des ornements les plus estimés chez les Perses (1). Ils faisaient partie des présents royaux, et formaient la marque distinctive des personnes les plus considérables. Le collier entourait plus ou moins lâchement le cou ; tandis que les bracelets, composés chacun de deux à trois tours d'anneau, étaient immédiatement appliqués sur la peau. Ces derniers étaient de deux sortes : l'un se mettait un peu au-dessus de l'articulation du bras avec l'avant-bras ; c'était le περι- βραχιόνιον (anneau autour du bras) ; l'autre se portait presque au niveau de l'articulation du poignet ; ce dernier se nommait plus spécialement le ψέλλιον (2). C'est ce que nous montrent encore les monuments, toujours d'accord avec les textes anciens. (Voy. les planches.) Les Parthes et les Perses du temps des Sassanides portaient des bracelets en or, garnis de pierres précieuses et surtout de perles, *depuis la soumission de l'Inde (armillis uti, monilibusque aureis et gemmis, præcipue margaritis, quibus maxime abundant,* ADSUEFACTI POST INDIAM VICTAM) (3).

Armes. Machines de guerre. Les auteurs grecs et latins dépeignent les Parthes et les Perses comme des archers exercés (*sagittiferos,* ἀγκυλοτόξους), habiles même à lancer la flèche en arrière, en fuyant à cheval.

Fidentemque fuga Parthum, versisque sagittis.

(Voy. la gravure, d'après un monument de Nimroud.)

(1) Xenoph. *Anab.* I, 2 et 8 ; II, 2 ; VII, 2. *Cyrop.* I, 3 ; II, 4 ; VIII, 5.

(2) Xenoph. *Cyrop.* lib. VI, 1 et 4 : Περιβραχιόνια καὶ ψέλλια πλατέα περὶ τοὺς καρποὺς τῶν χειρῶν.

(3) Amm. Marcellin. lib. XXIV. Cf. Chares Mytilen., cité par Älien. II.

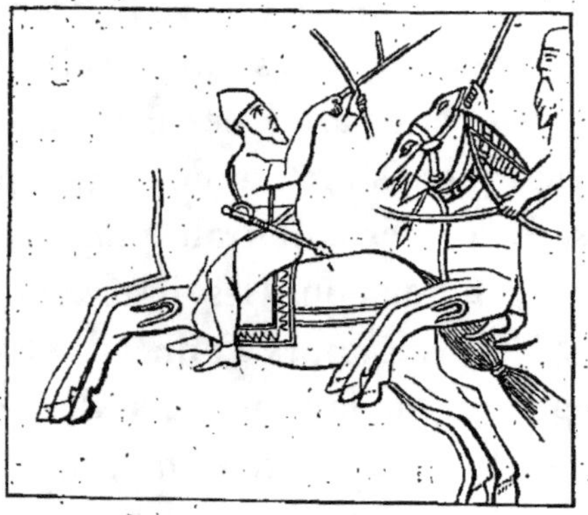

C'étaient les ἱπποτοξόται par excellence; le cheval,
l'arc et la flèche ne les semblaient jamais quitter. A la
première vue des monuments, on reconnaît combien
poëtes et historiens sont ici des peintres fidèles (1).

Ces guerriers cuirassés, couverts d'une espèce de
cotte de mailles, les uns à pied, les autres montés sur
des chevaux bardés et caparaçonnés, rappellent aussitôt les fameux *cataphracti* ou *clibanarii* qui, plus
d'une fois, avaient fait trembler les Grecs et les Romains. Ammien Marcellin, qui les avait vus de près
(précisément dans le voisinage des fouilles qu'on a
entreprises sur les bords du Tigre), en fait le por-
trait suivant : *Cataphracti equites, quos illi Cli-*
banarios vocant Persæ, thoracum muniti tegu-
minibus et limbis ferreis cincti, ut Praxitelis manu
polita crederes simulacra, non viros : quos lamina-
rum circuli tenues, apti corporis flexibus, ambie-
bant per omnia membra deducti; ut quocumque artus
necessitas commovisset, vestitus congrueret junctura

<hr>

(1) Virgil. *Georg.* III. Horat. lib. I, od. 19. Ovid. lib. II *Fast.* Plutarch.
in Crasso. Procop. lib. I, *de bello Pers.* Senec. *Epist.* 36. Justin. XII, 2.
Cf. Brison, *de reg. Pers.* lib. III (p. 278). — Déjà du temps de Xénophon,
les Perses étaient d'excellents archers (οἱ δὲ βάρβαροι ἱππεῖς, καὶ φεύγον-
τες ἅμα ἐτίτρωσκον, εἰς τοὔπισθεν τοξεύοντες ἀπὸ τῶν ἵππων. *Anab.* III, 3.

cohærenter apta (1). L'aspect de ces hommes couverts
de cuirasses en lames de fer poli, devait inspirer de
la terreur à ceux qui n'y étaient pas accoutumés.
. . . . *Species, quam atrox visu! quam formi-
dolosa! Operimento ferri, equi atque homines pa-
riter obsepti (clibanariis in exercitu nomen est) su-
perne omnibus textis equorum pectoribus; demissa
lorica, et crurum tenus pendens, sine impedimento
gressus, a noxa vulneris vindicabat* (2). . . . . . Οὐ τὰ
στέρνα μόνον, ἀλλὰ καὶ σῶμα τὸ ἄλλο ἅπαν, τεθωράκισται.
Ἐργασία δὲ τοῦ θώρακος τοιάδε· σκυτάλας χαλκᾶς τε καὶ
σιδηρᾶς, ὅσον σπιθαμαίας, πάντοθεν εἰς σχῆμα τετράγωνον
ἐλάσαντες, καὶ ἄλλην ἐπ' ἄλλην κατ' ἄκρα τῶν πλευρῶν
ἐφαρμόσαντες, κ. τ. λ. Σιδηροῦς τις ἀνὴρ φαινόμενος ἢ καὶ
σφυρήλατος ἀνδριὰς κινούμενος (3). (Voir les Commentaires sculptés de Khorsabad, de Nimroud, etc.) La
gravure ci-dessous, d'après un monument de Nimroud,
représente un de ces guerriers revêtus d'une véritable
cotte de mailles: *laminarum circuli tenues, aptis corporis flexibus, ambiebant per omnia membra deducti...*

(1) Am. Marcell. XXIV, 6. — (2) Nazarius Rhet. *in Panegyrico Constant.*
Cf. Leo imp. *Tactic.* cap. 6, 31. — (3) Heliod. *Æthiop.* IX.

Hélépole. La machine de guerre nommée *preneur de ville*, ἑλέπολις, fut, selon Diodore, inventée dans la première année de la cxix^e olympiade (année 304 avant J. C.), par Démétrius occupé au siége de Rhodes. « Elle servait à l'attaque des murs; sa base était carrée; chaque côté formé de poutres équarries, jointes ensemble par des crampons de fer; l'espace intérieur était étagé par des planches, laissant entre elles environ une coudée d'intervalle, et destinées à porter ceux qui devaient faire jouer la machine. Toute la masse était supportée par des roues, grandes et solides (l'hélépole de Démétrius avait huit roues); et, afin de pouvoir imprimer à la machine toutes sortes de directions, on y avait adapté des pivots mobiles. Elle servait à protéger l'action des ballistes ayant la forme de grandes flèches (1). » Les hélépoles variaient de grandeur. Celles dont parle Vitruve ne pesaient que 1360 livres, et Josèphe en mentionne que l'on pouvait transporter à dos de mulet. Suivant Végèce, les assiégés prévenaient l'effet de ces machines en rendant, pendant la nuit, le chemin par où elles devaient s'approcher des murs, impraticable pour le lendemain (2).

C'est l'hélépole qu'on voit représentée sur les monuments de Khorsabad, de Nimroud, etc. Ammien Marcellin, pendant l'expédition de Julien contre les Perses, en donne une peinture fidèle: «.....Au bélier, dit-il, ainsi nommé à cause de la forme de l'extrémité de la poutre (*arietis efficiens prominulam speciem*), a été substitué une autre machine, l'hélépole.... En

____

(1) Diod. Sic. **XX**, 91 et suiv. (tome IV, p. 194 et suiv. de ma traduction). Cf. Plutarch. in Demetr.; Athen. VI, 9; Vitruv. **X**, 16.

(2) Veget. *de re militari*, **IV**, 20.

voici la construction. On fait, avec des poutres liées par des crampons de fer, une énorme tortue; on la couvre de peaux de bœufs et de branches d'osier enduites de terre glaise, pour les mettre à l'abri des projectiles enflammés. Le front est garni de pointes très-aiguës, *tri-sulques* (en pointe de flèche), lourdes masses de fer, et telles que les peintres ou sculpteurs nous représentent les foudres (*conseruntur ejus frontalibus tri-sulcæ cuspides præacutæ, ponderibus ferreis graves, qualia nobis pictores ostendunt fulmina vel fictores*), de sorte qu'elles percent et rompent tout ce qu'elles frappent. Beaucoup de soldats, renfermés dans cette machine, la dirigent avec des roues et des cordes, et la lancent contre la partie la plus faible des murailles, et, si les assiégés n'en détournent pas promptement l'effet, elle ne tarde pas à ouvrir une brèche (1). »

Les pièces en *pointe de flèche* (*trisulcæ cuspides præacutæ*), solidement attachées au front qui frappait les murailles, éloignent de l'esprit toute idée du *bélier* proprement dit. Et comme la description d'Ammien Marcellin s'applique très-exactement à la machine figurée sur les monuments, je suis en droit de conclure que c'est l'*hélépole* (2). (Voy. la figure ci-jointe, d'après un monument de Nimroud. On y voit

(1) Amm. Marcell. XXIII, 4.

(2) Selon Ctésias, cité par Diodore, « les catapultes, les tortues et les béliers, les machines destinées à battre les murs en brèche, » n'étaient pas encore inventés à l'époque où Arbace prit Ninive. (Diod. II, 27.) — Le savant M. Dureau de la Malle (sur la *Poliorcétique assyrienne*, dans les Mém. de l'Acad. 1849) me semble donner au mot *bélier* un sens beaucoup trop étendu; car toutes les machines destinées à battre les murs en brèche, n'étaient pas des béliers. Les anciens nous en fournissent la preuve quand ils distinguent le bélier de l'*hélépole*, également employée à l'attaque des murailles. Dans le bélier, la pièce essentielle, la poutre, qui avait l'extrémité

deux pièces en pointe de flèche, au lieu d'une seule.)

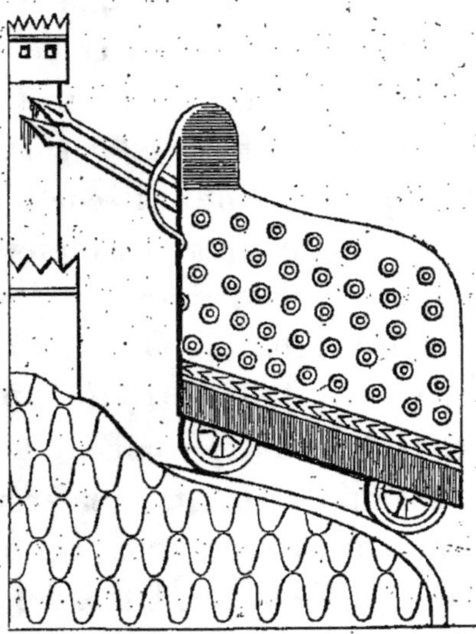

mousse, garnie de fer, d'ordinaire en forme de tête de bélier, était *sus-*
pendue, mobile (abies vel ornus excelsa, cujus summitas duro ferro con-
cluditur et prolixo, arietis efficiens prominulam speciem, quæ forma huic
machinamento vocabulum indidit, et sic suspensa utrimque transversis asse-
ribus et ferratis, quasi ex lance, vinculis trabis alterius continetur ; eamque,
quantùm mensuræ ratio patitur, multitudo retro repellens, rursus ad obvia
quæque rumpenda protrudit ictibus validissimis, instar adsurgentis et cæ-
dentis arietis. (Am. Marcell. *loc. cit.*) — Supposé même (ce qui est, comme
on vient de voir, inadmissible) que dans les passages cités par M. Dureau
de la Malle il soit réellement question du bélier, et que « la tortue bélière
ait été inventée dans la période de temps comprise entre Sénachérib et Na-
buchodonosor (de 713 à 608), » il ne me semble pas très-rationnel de l'ap-
pliquer à l'interprétation des monuments de Khorsabad ; car autrement on
arriverait à cette conclusion étrange que (indépendamment de ce que la
machine figurée ne ressemble pas à un bélier), les monuments où cette
machine de guerre est représentée doivent dater, soit, (en prenant les deux
extrêmes) de l'année 713 avant J. C., c'est-à-dire 88 avant la destruction
de Ninive (en 625), soit de 608, c'est-à-dire 17 ans après la destruction de
cette ville, soit enfin (en prenant la moyenne) 45 ans environ avant. Or,
ce n'est pas seulement à Khorsabad, mais encore à Kouïoundjik, à Nimroud, etc., c'est-à-dire, dans les quartiers les plus distants de la prétendue
Ninive, qu'on a trouvé de ces monuments qui représentent la machine en
question. Tous ces monuments seraient donc contemporains d'une invention alors si nouvelle !

On dirait qu'en faisant monter cette machine sur un plan incliné, l'artiste voulait indiquer ce que dit l'écrivain, savoir : *qu'on pouvait lui imprimer toutes sortes de directions.*

Culte. Les Perses sacrifiaient au Soleil (*Mithras*) dans des cavernes et sur des montagnes, *sub divo*, de même que les Gaulois et les Germains avaient pour temples des forêts de chênes. Dans les représentations de ces sacrifices, on remarque parfaitement les grottes et les montagnes, ainsi que tous les emblèmes du culte du feu et du soleil (1). (Voy. la gravure d'après le dessin d'un monument de Kouïoundjïk. Cf. Layard, vol. II, 469.)

______

(1) Strab. XV : Μίθραν νομίζουσι οἱ Πέρσαι εἶναι τὸν ἥλιον, καὶ τούτῳ θύουσι πολλὰς θυσίας. Jul. Firmicus, lib. I, cap. 5 (*de errore profanæ religionis*) : Persæ et magi omnes qui persicæ regionis incolunt fines, ignem præferunt omnibus elementis et putant debere proponi... Hunc Mithram dicunt ; sacra vero ejus in speluncis abditis tradunt, ut semper obscuro tenebrarum squalore demersi, gratiam splendidi ac sereni luminis non videant. Cf. Herodot. III, 16. Hesychius voc. Μίθρας, Dionys. Areopag. Epist. VII. Clement. Alexandr. — Zend-Avesta. — Brisson, etc.

Dans les grandes solennités, le *feu sacré* ou *éternel* (ἄσϐεστον πῦρ, *ignis æternus*) était promené sur des autels portatifs, dans des bassins et dans des *pyréthées*, espèces de paniers à anse, si fréquents sur les monuments (1). On y portait aussi le char du Soleil, sur lequel était sculpté un cheval blanc, symbole de la même divinité. (Voy. pl. IV.)

Le lion, portant quelquefois un cercle au dos (lion du zodiaque?), les ailes d'aigle, les cornes de taureau, sont tout à la fois les symboles de la royauté et du soleil, principe vivifiant de la nature. La fameuse pomme de pin (propre sans doute à allumer le feu), me paraît être un bourgeon, parfaitement reconnaissable à sa forme et à la disposition des écailles, symbole du réveil de la nature vers l'équinoxe du printemps, et, par extension, symbole même du soleil (2). (Voy. *pl.* I, fig. 1 : le bourgeon sort épanoui du sommet de la tête entourée de cornes, symbole du principe fécondant ; la main droite tient le bourgeon non éclos, et dans la main gauche est le *pyréthée* ou vase de feu sacré. Au principe de la lumière et du bien (Ormuzd), était opposé le principe des ténèbres et du mal (Ahriman). Celui-ci avait pour attribut un serpent. (V. Zend-Avesta).

(1) Strab. *loc. cit.* Xenophon, *Cyrop*. VIII. Curt. IV. — Socrat. *Hist. ecclésiast.* cap. VIII : Εἰώθει ὁ βασιλεὺς (roi sassanide) ἐν οἴκῳ τινι τὸ διηνεκὲς καιόμενον πῦρ προςκυνεῖν.— Les πυρεῖα ou πυραιθεῖα, dans lesquels on conservait et portait le feu éternel, étaient des vases d'argile (Hésychius). Au rapport de Cédrénus et de Théophane, les mages s'appelaient aussi les *prêtres du feu* (τοῦ πυρὸς ἱερεῖς). Le feu sacré, dont ils étaient les gardiens, passait pour tombé du ciel. *Ferunt etiam* [magi] *ignem cœlitus lapsum apud se sempiternis foculis custodiri, cujus portionem exiguam, ut faustam præisse quondam Asiaticis regibus dicunt* (Am. Marcellin.).

(2) La fleur du bananier (*musa paradisiaca*) offre quelque ressemblance avec ce cône.

— La fig. 1 et 2 de la planche II représentent Ahriman tenant à la main droite un serpent court et
épais (espèce venimeuse), tandis que de la main
gauche il écrase un lion (attribut d'Ormuzd).

Chaque peuple exprime à sa manière le sentiment
religieux qu'il éprouve en face de l'univers. Les uns
s'arrêtent aux effets, les autres essayent de remonter aux causes mêmes. Les habitants de l'étroite et
féconde vallée du Nil, bordée de montagnes et de
sables arides, avaient l'esprit subjugué par les mer-
veilles de ce contraste. En face des manifestations fé-
condes de la vie sous mille formes variées, se dressent
les pyramides, hiéroglyphes de l'immobilité, dans les sables mobiles du désert. Mais, lorsque l'intelligence n'est
pas, pour ainsi dire, terrassée par le spectacle animé
de la nature, l'homme cherche au ciel l'explication
de ce qui frappe ici-bas ses regards. L'astre de la lumière et de la chaleur devient d'abord l'objet de ses mé-
ditations et de son culte. C'est là l'histoire des Perses.

Chaque peuple aussi a ses hiéroglyphes, qui rappellent les principaux traits de son culte. On ne saurait
même excepter ceux qui prétendent au spiritualisme le
plus épuré : les philosophes d'Alexandrie reprochaient
aux premiers chrétiens d'avoir emprunté leur croix à
l'antique Égypte. Lorsque les symboles ou sujets révé-
rés sont, comme chez les Égyptiens, très-nombreux,
il est aisé d'en former par des abréviations graphiques,
une sorte d'alphabet sacré. Mais lorsque le culte s'adresse
à des éléments plus homogènes, à des agents physiques,
tels que le feu ou la lumière, la combinaison d'une
écriture hiéroglyphique doit offrir beaucoup plus de
difficultés. Un cercle ou disque (symbole du soleil) ne

se prêtera guère à des groupements alphabétiques (1). L'image d'un cône de lumière, ou d'une flamme en forme de *pyramide* allongée, telle qu'on la représente sur les autels du feu sacré, s'y prêtera mieux. (Voy. la gravure, d'après le dessin d'un monument de Khorsabad (Flandin) (2).

Cette image, diversement orientée et groupée, c'est là, selon moi, l'*élément de l'écriture cunéiforme*, que je propose de nommer *pyroglyphique* (de πῦρ, *feu*, et γλύπτω, *je sculpte*). L'écriture cunéiforme est donc, suivant mon opinion, la langue sacrée des adorateurs

(1) D'ailleurs, le cercle ou disque solaire était déjà employé comme ornement (voy. plus haut); il était en quelque sorte l'armoirie particulière des rois des Perses : sur les monuments de Persépolis, comme sur ceux trouvés aux bords du Tigre, on voit quelquefois ce cercle entourant une figure cornue ou garnie d'ailes (d'aigle) déployées. (Voy. fig. p. 17.) Les cornes étaient le signe de la royauté. (Dan. VIII, 20.) Un aigle d'or (oiseau consacré au Soleil), porté sur un long javelot, était la bannière des rois perses. Xenoph. *Cyrop.* VII : Ἦν δ' αὐτῷ τὸ σημεῖον ἀετὸς χρυσοῦς, ἐπὶ δόρατος μακροῦ ἀνατεταμένος· καὶ νῦν δὲ ἔτι τοῦτο τὸ σημεῖον τῷ Περσῶν βασιλεῖ διαμένει. La figure ailée (planche I, 2) porte les principaux symboles du soleil, une tête d'aigle, un bourgeon dans la main droite, et le vase du feu sacré dans la main gauche.

(2) On y voit aussi le fameux *barsom*, dont il est si souvent question dans le Zend-Avesta; c'était un faisceau de branches d'un nombre déterminé, attaché avec un lien (*evanguin*) tiré d'un arbre vert. Cf. Anquetil Duperron, Zend-Avesta, t. III (*Usages religieux des Perses*), p. 532. Les cérémonies avec lesquelles on coupait le barsom rappellent exactement celles des Druides pour le gui.

(47)

du feu, comme les hiéroglyphes sont les symboles d'un polythéisme grossier. Les hiéroglyphes sont propres aux monuments égyptiens, de même que les *pyroglyphes* (1) caractérisent les monuments érigés sous les dynasties des Achéménides, des Arsacides et des Sassanides (2), c'est-à-dire, dans des temps où le culte du feu était en quelque sorte la religion de l'État chez les maîtres de l'Asie. La différence des époques est indiquée, comme dans les inscriptions grecques ou latines, par quelques différences dans les traits des *pyroglyphes* (3); et ce qu'on a nommé *espèces persane, médique et assyrienne de l'écriture cunéiforme*, me paraît être au fond la même écriture pyroglyphique sacrée, seulement tracée à des périodes différentes.

Au rapport de Bérose, cité par saint Clément d'Alexandrie, « les Perses n'adoraient pas, comme les Grecs, des statues de dieux en bois ou en pierre, ni, comme les Égyptiens, des ibis et des ichneumons; mais, en philosophes, ils adoraient le feu et l'eau. Cependant, bien des générations après, ils commen-

______

(1) Le nom de *pyroglyphes*, que je donne aux caractères cunéiformes ou en coin, a l'avantage de ne pas indiquer simplement une forme qui ne rend compte de rien, mais de s'attacher à la raison, à l'essence même de la chose. Je me réserve de développer plus tard mon système.

(2) Les Séleucides doivent avoir aussi laissé des traces, quoique peu nombreuses, de leur règne si court. Peut-être découvrira-t-on un jour, aux emplacements de Ctésiphon et de Séleucie, des inscriptions bilingues en grec et en caractères *pyroglyphiques*, ce qui hâterait singulièrement la solution d'une question dont je viens, si je ne m'abuse, d'indiquer le point de départ.

(3) Les *pyroglyphes* des Perses, comme les *hiéroglyphes* des Égyptiens, étaient une écriture sacrée; on ne la trouve que sur les monuments et les objets (autels, etc.) relatifs au culte. Mais les Perses avaient sans doute aussi une langue *démotique*, d'un usage plus commun. Celle-ci offrait-elle quelque analogie avec les langues sémitiques (assyrienne, chaldéenne, phénicienne, hébraïque)? C'est ce que des recherches ultérieures parviendront peut-être à éclaircir.

cèrent, sous le règne d'Artaxerxès fils de Darius Ochus, d'adorer des statues à l'image de l'homme. Ce roi, érigea le premier la statue de Vénus Anaïtis (1) à Babylone, à Suse et à Ecbatane, et en ordonna le culte aux Perses, aux Bactriens, à Damas et à Sardes. »

Il résulte de ce passage important de Bérose, autorité si grave (2), que les monuments représentant des idoles ne peuvent pas être antérieurs à Artaxerxès Memnon, qui a commencé à régner en l'an 404 avant l'ère chrétienne. A partir de cette époque jusqu'au règne des Sassanides (225 après J.-C.), l'art, comme la religion fut peu à peu altéré par l'introduction de quelques éléments nouveaux soit grecs, sous le règne des Séleucides (trépieds, colonnes d'ordre ionien; voy. ci-contre la gravure, représentant, d'après un monument de Khorsabad, une espèce de pavillon de pêche:

(1) La Vénus Anaïtis est, selon les uns, la Vénus Uranie; selon les autres, la Diane des Perses; selon d'autres enfin, la personnification de la planète Vénus, qui s'appelle en persan, *Anahid* (étoile du matin et étoile du soir). Cf. *Anaïtis*, dans l'Encyclopédie allemande d'Ersch et Gruber. Strabon l'appelle *Anæa;* et, ce qu'il y a de remarquable, il place un temple de cette déesse (τῆς Ἀναίας ἱερὸν) dans les environ d'Arbèles (XVI, 1), c'est-à-dire dans la contrée où Layard a trouvé un monument qui paraît tout à fait se rapporter à cette divinité. (Layard, *Nineveh and its remains*, vol. II, pag. 456.)

(2) Ἀγάλματα μὲν θεῶν οὐ ξύλα καὶ λίθους ὑπειλήφασιν ὥςπερ Ἕλληνες, οὐδὲ μὴν ἴβιδας καὶ ἰχνεύμονας, καθάπερ Αἰγύπτιοι, ἀλλὰ πῦρ τε καὶ ὕδωρ, ὡς φιλόσοφοι. Μετὰ πόλλας μέντοι ὕστερον περιόδους ἐτῶν ἀνθρωποειδῆ ἀγάλματα σέβειν αὐτοὺς Βήρωσσος ἐν τρίτῃ Χαλδαϊκῶν παρίστησι, τοῦτο Ἀρταξέρξου τοῦ Δαρείου τοῦ Ὤχου εἰσηγησαμένου, ὃς πρῶτος τῆς Ἀφροδίτης Ἀναίτιδος τὸ ἄγαλμά ἀναστήσας ἐν Βαβυλῶνι καὶ Σούσοις καὶ Ἐκβατάνοις, Πέρσαις καὶ Βάκτροις καὶ Δαμασκῷ καὶ Σάρδεσιν ὑπέδειξε σέβειν. S. Clement. Alexandr. *Admonitio ad gentes*, p. 32 (edit. Lugd. Bat. 1616, in-fol.). C. Müller, *Histor. græc.* vol. II, p. 506 (édit. Didot).

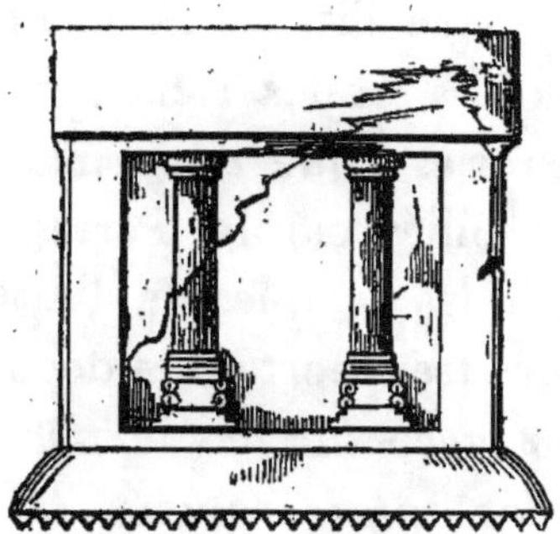

soit indiens sous le règne des Arsacides et des Sassanides (martichoras, gryphons, etc.) (1). Mais peut-
être déjà avant Artaxerxès Memnon, on y avait in-
troduit des éléments égyptiens, comme le montre la gravure ci-dessous, d'après un dessin du palais de Nimroud

(1) Le martichoras était un animal fabuleux de l'Inde. Il avait, selon
Ctésias, la face d'un homme, la taille d'un lion et les pieds également d'un
lion ou d'un taureau; les yeux et les oreilles étaient semblables à ceux de
l'homme; il avait une triple rangée de dents, la peau rouge, et se nourrissait
de chair humaine. Ctesiæ *Fragmenta*, p. 80, 91 et 92, édit. Didot. Phot.
Biblioth. LXX, pag. 144. Ælian. *H. A.* IV, 21. Le gryphon était aussi un
animal de l'Inde : il avait la forme d'un lion, le dos et le col garnis de larges
ailes, la bouche comme le bec d'un aigle, et la *tête telle que la figurent les peintres et les sculpteurs* (καὶ τὴν κεφαλὴν ὁποίαν οἱ χειρουργοῦντες γράφουσί
τε καὶ πλάττουσι). Le martichoras et le gryphon sont représentés sur les mo-

(Layard); et comme le dit positivement Diodore, co-
piant Ctésias : « Les objets richement travaillés en
ivoire et en pierreries, que renfermaient les édifices
de Thèbes, furent pillés par les Perses à l'époque où
Cambyse incendia les temples de l'Égypte. On rap-
porte qu'il fit alors transporter ces dépouilles en Asie,
et qu'il *emmena avec lui dès artisans égyptiens,
pour construire les palais royaux si célèbres* (καὶ
τεχνίτας ἐξ Αἰγύπτου παραλαβόντας, κατασκευάσαι τὰ
περιβόητα βασίλεια) (1). Les Sassanides, jaloux de la
gloire des anciens rois perses, auxquels ils empruntèrent même leurs noms, entreprirent de rétablir la
religion de leurs ancêtres, conséquemment aussi les
arts qui s'y rattachent (2).

C'est guidé par ces données diverses, qu'on arrivera
probablement à déterminer l'âge précis des monuments en question. Ce travail, dont je viens de jeter
la première ébauche, sera, si je ne me trompe, du
plus haut intérêt, non-seulement pour l'archéologie et
les arts, mais pour l'histoire même de la civilisation.
Car, aux premiers siècles de notre ère, il y eut dans
le vaste espace compris entre le Tigre et le Gange,
plusieurs empires mixtes (indo-parthe, indo-scythe,

---

numents de Persépolis, comme sur ceux trouvés aux bords du Tigre. Ctes.
Fragm. éd. Didot, p. 101. Ælian. *Hist. anim.* IV, 52. Ces animaux fabuleux paraissaient avoir une signification symbolique. Ainsi, le dragon était
chez les Parthes le signe de la multitude : il signifiait *mille* (σημεῖον δὲ
πλήθους τοῦτο αὐτοῖς· χιλίους γὰρ οἶμαι ὁ δράκων ἄγει). *Script. Belli Parth.*
in *Fragm. hist. græc.* t. III, p. 654, édit. Didot. L'introduction de toutes
ces figures dimorphes symboliques ne remonte probablement pas au-delà de
l'époque où les Parthes et les Perses commencèrent à entretenir des relations suivies avec l'Inde.

(1) Diodor. I, 46 (tom. I, p. 55 de ma traduction).

(2) Voy. M. de Longpérier, *Médailles des Sassanides;* Paris, 1840, in-4.

indo-perse), vrais ponts jetés entre l'Orient et l'Occident. Il s'est passé là des événements et des choses que nous cache un voile mystérieux. C'est de là peut-être qu'est parti le premier choc qui eut pour effet la grande migration des peuples.

CONCLUSIONS.

1° *Les ruines de Ninive, si elles existent, ne peuvent point avoir été trouvées là où on les a cherchées.*

2° *Les monuments découverts sur les bords du Tigre sont les commentaires sculptés des auteurs anciens qui nous parlent des Mèdes, des Persès et des Parthes.*

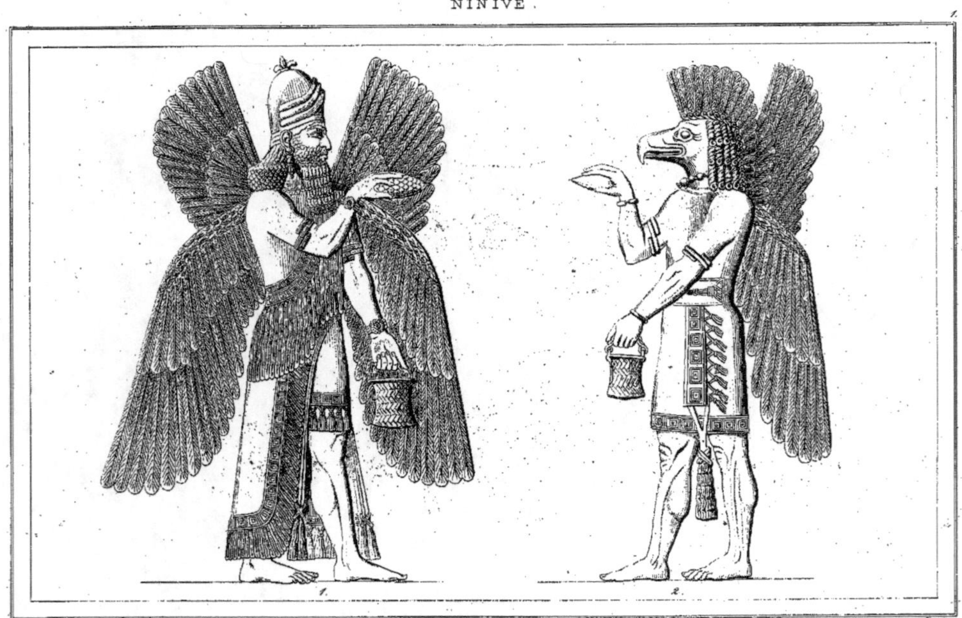

Sculptures. (Musée N.ᵃˡ du Louvre.)

Sculptures. (Musée N.ᵃˡ du Louvre.)

Sculptures du Musée N.ᵃˡ du Louvre.

2.ᵉ Ninive.

Sculptures du Musée N.al du Louvre.